태 긍정적인 변화를 일으키는 힘,
도

긍정적인 변화를
일으키는 힘,

우제용 지음

태도

아라크네

목차

사람들은 변화하지 않으면 살아남을 수 없다는 것을 잘 안다. 그리고 변화해야 더 행복해진다는 것도 잘 안다. 그래서 변화하려고 애쓴다. 하지만, 정작 어디서부터 어떻게 변화할 것인가를 알지 못하는 경우가 대부분이다.

심지어 변화를 줄기차게 부르짖는 사람들조차 변화하는 방법을 잘 알지 못하는 경우가 많다. 나는 그런 사람들을 '큰 입', 즉 빅 마우스Big Mouth라고 부른다.

다행스럽게도 나는 한 청소부 아주머니와 그분의 남편을 만났다. 그분들은 변화하는 방법을 알고 있었으며, 스스로 변화하였다. 그분들은 입보다 손이 부지런한 사람들이었다. 그분들은 변화를 부르짖기만 한 것이 아니라 스스로 변화한 사람들이었다. 그래서 나는 그분들을 '큰 손', 즉 빅 핸즈Big Hands라고 부른다.

나는 그분들에게서 변화의 기술을 익혀 변화에 성공하였다. 덕분에 지금 이 순간, 행복을 느끼고 있다.

"와, 엄마 잘 타시네요."

"엄마가 자전거를 꽤 잘 타지?"

"예, 저도 이제 잘 탈 수 있을 것 같아요."

지금 내 눈 앞에서 나의 가족들이 공원의 한가로움을 즐기며 행복해하고 있다. 나도 행복하다.

내가 변화하지 않았다면, 이런 행복을 느끼지 못하였을 것이다. 하지만 나는 변화에 성공하였고 — 덕분에 살아남았고, 지금 이 순간 나도 행복하고 가족도 행복하다. 그리고 내가 근무하는 곳도 행복하게 바뀌었다.

우리 모두가, 이 치열한 세상에서 살아남아 행복하게 살기 위해서 모두 나름의 변화를 갈망하고 있다. 지금 잔디밭 너머로 달리는 사람들도, 그리고 공원 너머 저 많은 빌딩 숲에 날개를 접고 앉은 거대한 새와 같은 회사들도 그렇다.

그러나 제대로 변화하지 않으면 변화하지 않느니만 못하다. 행복하기 위해 변화를 시도하다가 오히려 불행해지기도 하는 것이다. 그래서 나는 나의 변화에 대한 기록을 당신에게 보여 주고자 한다. 나의 변화에 대한 기록이 바로 당신의 안전한 변화를 위한 한 가지 답이 되어 줄 것이라고 믿는다. 그렇게 당신이 성공적으로 변화하기만 한다면 당신의 변화는 내가 그랬듯이, 그리고 '큰 손' 두 분이 그랬듯이 당신 주위의 변화를 불러올 것이다.

내가 변하면 모두가 변화하는 것이다.

터널 새벽을 향해 달려라

나의 변화는 아주 작지만 확실한 데서부터 시작되었다. 하지만 그 작은 시작이 오기 전에 어둠은, 서울에서 양평으로 향하는 6번 국도의 터널들보다 더 길게, 그리고 더 자주 꼬리를 잇기만 했다. 새벽이 오기 전이 가장 어둡다고 했던가? 변화가 시작되기 전, 내 삶은 서서히 헝클어져 가고 있었던 것이다.

"아빠, 나 잘 타죠?"
"조심해, 어 어 어!"

딸아이는 결국 진흙탕 속으로 들어가고 말았다. 며칠 전에 사준 자전거를 타보겠다며 공원으로 나를 끌고 오더니, 결국 자신이 초보임을 나에게 보여주고 만 것이다.

"아직 멀었네, 진흙탕도 피하지 못하고."

딸아이는 배시시 웃기만 한다. 나는 그런 딸이 무척 사랑스러워 보였다.

"휴."

사랑스런 딸을 보면서도 나는 한숨만 나왔다.

"조금만 더 분위기가 좋았더라면."

나는 이렇게 자조하듯이 읊조렸다. 바로 그때였다. 어디선가 똥 냄새가 진동을 했다.

"어! 이게 무슨 냄새지?"

나는 주위를 살펴보았지만 주위에 똥을 눌 만한 개도 없었다. 공원은 그저 사람들로 가득 차 있을 뿐이었다. 그리고 내 곁에는 어느새 아들이 다가와, 어제 사준 자전거를 타고 있을 뿐이다. 나는 코를 킁킁거리며 냄새가 나는 곳을 찾아보았다. 혹시 내가 똥을 밟은 것은 아닐까 싶어서였다. 그런데 똥 냄새는 내가 아닌 아들에게서 나고 있었다.

"아니, 이게 뭐야."

"아빠, 내 잘못 아닌데……."

아들은 초등학교 1학년생답게 변명부터 했다. 어법에 맞지도 않지만 아들이 말하고자 하는 바는 분명했다. 아들은 자신의 뜻을 다시 한 번 전했다.

"제가 똥을 피하려고 했는데요. 자전거가 말을 안 듣는

거예요. 그래서 어쩔 수 없이 자전거 바퀴에 똥이 묻었나 봐요."

그런데 똥은 자전거 바퀴에만 묻은 것이 아니었다. 아들의 옷 군데군데에 똥이 튀어 있었다. 아들놈은 똥을 밟고서 다시 물웅덩이를 피하지 못하고 지나온 것이 틀림없었다.

"그래서 내가 뭐라고 그랬어? 땅이 마른 뒤에 나오자고 했잖아?"

나는 역정을 냈다. 새로 사준 자전거를 한시라도 빨리 타고 싶어 하는 아이들의 마음을 이해하지 못하는 것은 아니었다. 그러나 이런 일이야 얼마든지 일어날 수 있음을 이미 나는 알고 있었다. 내가 어린 시절 자전거 타기를 배울 때 겪어 봤던 일이었기 때문이다. 그러나 사실 그 역정은 나에게 내어야 옳았다.

나와 아들 그리고 딸 우리 셋은 얼굴빛이 검게 변한 채 집으로 돌아왔다. 아파트의 초인종을 누르면서도, 이어서 터질 일이 걱정이었다. 걱정은 현실이 되어 나타났다.

"아니 이게 뭐예요? 그래서 내가 뭐랬어요? 나가지 말라고 했잖아요? 그리고 당신은 애들 데리고 나갔으면 잘 좀 간수하지, 이게 뭐예요?"

아내의 신경질적인 반응이 거의 10분 동안이나 이어졌다. 아이들의 옷을 벗기면서부터, 그리고 그것을 세탁조에 담으면서도, 아이들을 목욕시키면서까지. 나와 아이들은 꿀 먹은 벙어리 신세가 되었다. 그러나 아내가 10분을 넘어서도 잔소리를 하자, 나도 그만 참을 수 없게 되었다. 나는 세탁기가 있는 다용도실을 향해 소리쳤다.

"그만 좀 해. 당신이 뭘 잘했다고 큰 소리야? 아이들에게 관심을 안 가지고 항상 밖으로만 도니까, 내가라도 나서서 아이들 자전거를 사준 건데 뭐 잘못됐어?"

사실 우리 집은 붕괴 직전이었다. 아내는 거의 매일을 '동창회다', '부녀회다', '친구 모임이다'며 밖으로만 나돌았다. 그런 아내에게 맞불을 놓을 심산으로 나도 거의 매일 밤늦게 집에 들어오곤 했다. 때로는 친구들과 함께 밤을 새기도 하였다.

그러면 그럴수록 아내의 신경질은 더욱 커져만 갔고, 나의 목소리도 커져만 갔다. 오늘도 나는 신경질적으로 반응하는 아내에게서 피하기를 원했고, 마침 아이들이 자전거를 타고 싶다고 하기에 아이들을 데리고 공원으로 나갔던 것이다. 그런데 그게 오히려 도화선이 되고 만 셈이다.

"아빠, 그만해."

"아빠, 나 할머니 집에 갈래."

아이들은 이렇게 다투는 우리 부부를 보며 두려움에 떨고 있었다. 그러더니 급기야 울음을 터뜨렸다.

"엄마랑 아빠는 맨날 싸우기만 해……."

그나마 한 살이라도 더 먹은 딸아이가 나름대로 합리적인 발언을 하고 있었다. 그러나 그런 딸의 말이 싸움을 그치게 하지는 못했다. 아내는 급기야 장롱 문을 열더니 마구 내 옷가지를 집어 던졌다.

"차라리, 나가요. 이렇게 살 바에는 따로 사는 게 나아."

나도 지지 않고 대꾸했다.

"나가려면 당신이 나가. 여긴 내 집이야."

"그래요? 좋아요. 내가 나가죠."

결국 아내는 짐을 챙겨서 친정으로 가 버렸다. 가기 싫어하는 아이들의 손목을 억지로 끌다시피 하면서. 아내가 떠

난 텅 빈 거실에 쓰러지듯 누워 나는 곰곰이 생각해 보았다.

"도대체 어디서부터 잘못된 거지? 어떻게 해결해야 하는 거야?"

아내의 신경질적인 반응은 최근 들어서 더욱 잦아졌다. 별일도 아닌 것을 가지고 신경질을 내고는 했다. 그렇다고 내가 딱히 무슨 잘못을 한 것 같지도 않았다. 그저 평범하게 살아왔을 뿐이다. 남처럼 바람을 피우는 것도 아니고, 그렇다고 도벽이나 주사가 있는 것도 아니었다. 그런데도 아내는 점차 신경질적이 되어갔다. 아내는 분명 나에게 무언가를 원하고 있는데 그것을 얻지 못하고 있음이 분명해 보였다.

다음날 회사에 출근하자마자 나는 커피를 연거푸 석 잔을 마셨다. 담배를 피우지 않는 내가 스트레스를 푸는 방법이라고는 커피밖에 없었다. 그때 저 발치에서 낯익은 얼굴이 다가왔다.

"한 팀장 나왔어?"

"아, 실장님. 일찍 나오셨네요."

나에게 인사를 건넨 사람은 전산실장으로, 내 직속상관이었다.

"그래, 그런데 한 팀장은 왜 이렇게 일찍 나왔어?"

"아뇨. 뭐 그다지. 사실은 어제 아내와 좀 다퉜습니다."

"그래? 아내는 친정으로 갔을 테고, 자네는 밤새 영화를 봤겠지? 자네는 술도 안 마시고 담배도 안 피우니 말이야."

헉, 우리 집안일을 알고 있는 것인가!

"하하, 한 팀장 놀라는 것 좀 봐. 내 나이만 되어도 그런 게 눈에 빤히 보여."

"예, 실장님. 좀 놀랐습니다. 그런데 공 실장님도 몇 번 당해 보셨나 보죠?"

"아니, 난 당하지 않았는데? 부부 싸움에 일방적으로 당하는 게 어디 있나? 손바닥도 마주쳐야 소리가 나는 법이라고."

이렇게 말하며 공 실장은 은근한 미소를 보였다. 마치 부부싸움에 달관한 도사처럼. 바로 그때 전화벨이 울렸고 공 실장은 사장실로 불려갔다. 나는 다시금 커피를 마시며 조간신문을 펼쳐 보았다. 신문은 온통 우울한 기사들로 채워져 있었다.

'비정규직 노동자 자살'

'다국적 자본이 한국 점령'

'IMF 사태 후유증 여전히 존재'

가뜩이나 우울한 내 마음을 더욱 우울하게 색칠해 버리는 신문 기사 제목들이었다. 나는 그렇게 쭉 신문을 읽어 나가다가 한 제목에 눈길이 부딪혔다.

'구조조정 전도사 강제로'

나는 별 이상한 기사도 다 있다고 생각했다.

"구조조정 전도사? 회사 직원들을 자르는 것을 전도하고 다닌단 말이야? 그럼 마귀 아니야?"

사실 나 같은 직장인이 보기에 구조조정이라는 것은 회사가 휘두르는 도끼였다. 언제부터인가 '리스트럭처링'이니 '리엔지니어링'이니 하는 말이 수입되어 유행하기 시작하였다. 나는 그 말이 구조조정을 고상하게 포장한 것이라고 생각했다. 연봉 많은 임직원들을 명예퇴직하게 하고, 정규직을 계약직으로 돌리는 것이 구조조정의 전부인 양 유행하고 있었다. 그래서 나 같은 샐러리맨은 구조조정의 '구' 자만 보여도 경기驚氣를 하였다.

구조조정의 필요성을 변화라는 이름으로 설파한 책이 밀리언셀러가 되는 시대였다. 사장들은 그런 책들을 강제로 읽게 하며 구조조정이 불가피함을 간접적으로 강요하였다.

그런데 바로 그런 구조조정만을 전문적으로 하는 사람이 있다는 것이 기사의 요지였다. 그리고 그 강제로라는 사람은 1, 2년 단위로 회사를 옮겨가며 구조조정만을 해주고는 또 회사를 옮긴다는 것이었다.

"쳇, 세상을 사는 방법도 가지가지군."

보나마나 그 강제로라는 사람 때문에 회사에서 '잘려서' 눈물깨나 흘리는 가정이 많을 것이 분명했다. 하지만 그 사람에게는 그것이 사는 방법이고, 돈을 버는 방법이었다. 마치 정글이나 사바나의 세계처럼 강자가 약자를 잡아먹는 것이 세상이라는 생각이 들었다.

이런저런 생각을 하며 커피 잔을 다 비웠을 무렵, 전산실장이 다시 돌아왔다.

"공 실장님, 표정이 어두워 보이십니다."

나는 늘 하던 대로 거리감 없이 공 실장에게 말을 건넸다. 그런데 실장은 아무런 말도 하지 않았다. 평소와 다르게 보였다.

"공 실장님, 무슨 문제라도?"

내가 재차 다그쳐 묻자 비로소 공 실장은 한숨을 쉬었다.

"휴, 이봐, 한 팀장. 방금 사장실에 다녀왔는데 말이야."

"예, 그런데요?"

"우리 회사도 구조조정을 시작한다고 하는군. 회장님의 지시로 말이야. 부서를 개편한 다음에, 계열사를 몇 개 정리하겠다는 거야. 말이 부서 개편이지, 사실 직원들을 자르려는 것 아닌가?"

"저기 혹시?"

불현듯 나는 무언가 직감 같은 것이 내 머리를 스치고 지나가는 것을 느꼈다.

"혹시, 강제로라는 사람을 아세요?"

"어, 한 팀장이 그 사람을 어떻게 알아? 그 사람이 이번 구조조정을 주도하게 되었어. 내 생각에는 우리 회사 사장도 불안해하고 있는 것 같던데. 그 강제로라는 사람이 피도 눈물도 없다고 말하면서 말이야. 사장님 말씀으로는, 사장단을 포함한 임원급 중에서도 상당수가 잘려 나갈 것 같다고 하더라고. 우리들도 주의하고 긴장하라면서 말이야."

역시 내 예상대로였다. 회사는 강제로를 영입했던 것이다. 앞으로 1, 2년간 피바람이 불 것이 분명했다. 그는 그렇게 피바람을 일으키고 또 다른 일자리를 찾아 떠날 것이 분명했다. 마치 소를 도살하고 다음 소를 찾아 자리를 옮기는 도축업자들처럼.

나는 갑자기 심장이 떨려왔다. 모든 것이 아득해지기만 했다. 아이들을 교육시킬 문제가 떠오르더니 어느새 내 머릿속에는 포장마차 주인이나 조그만 구멍가게 주인, 아니면 치킨집 사장이 된 나에 대한 밑그림이 완성되고 있었다.

"젠장! 회사가 살아남아야 직원들도 살아남을 수 있으니 구조조정을 무조건 반대할 수는 없고. 그렇지만 살아남는 방법이 꼭 그것밖에 없는 건가? 그런 외과 수술 방식 말고, 뭔가 내과적으로 치료할 수는 없는 건가?"

공 실장이 이렇게 이야기하였지만, 그런 말조차도 내 귓가에서 한여름 이슬 사라지듯이 사라져버렸다. 회사 직원들은 구조조정 소문을 어떻게 들었는지, 공 실장과 대화가 있은 후로 이틀 동안 내내 당황스러워들 하였다.

나는 그렇게 골머리를 앓으며 이틀을 보낸 뒤에야 비로소 처가로 전화를 해 보았다.

"장모님, 그동안 무탈하셨죠? 저 한 서방입니다."

"그래, 한 서방. 잘 지냈나? 회사에 중요한 일이 있다고?"

회사가 구조조정 문제로 뒤숭숭하다는 것을 어떻게 아셨지? 그럴 리가 없었다. 아내가 아마도 부부싸움을 했다고 말씀드리지 않고, 핑계를 댄 것이 분명했다.

"저, 장모님! 집사람 좀 바꿔 주시겠습니까?"

"그래, 그럼세."

나는 집사람과 통화하는 것이 두려웠다. 무슨 말이 오고 갈지 몰랐기 때문이다. 나는 아내와 다투던 일이 없었던 듯 엉뚱한 말로 통화를 시작하였다.

"늦게 전화해서 미안해. 회사에 중요한 일이 있어서."

아내는 한참 동안이나 말이 없었다. 내가 비열하다고 생각하고 있는지도 몰랐다. 기껏 다투어서 짐 싸들고 나가게 해 놓고는 '늦게 전화해서 미안하다니'라고 생각하고 있는 듯이 보였다. 나의 목 뒤에서 식은땀이 배어 나왔다. 마치 포악한 사채업자와 통화라도 하는 듯했다. 나는 아내의 처분만을 기다리는 가련한 신세가 된 것이다. 그렇게 또다시 침묵이 흘렀다. 전화기 멀리서 장모님이 걸어오는 소리가 들렸다. 아내는 장모님을 의식해서인지 부드러운 목소리로 말을 시작하였다.

"애 아빠라는 사람이 사흘 동안이나 전화도 안 하고. 애들이 궁금하지도 않아요?"

만약 장모님이 다가오지 않았다면 분명 신경질을 부렸으리라. 나는 장모님이 아내와 나의 게임에 구원 투수처럼 등

장한 것 같다는 생각마저 들었다. 장모님 덕분에 기가 산 나는 목소리에 힘을 주어 대답하였다.

"그럴 일이 좀 있었어."

내가 이렇게 기를 세워 대답하자, 다시 아내가 침묵하였다. 그리고 또다시 수화기 너머로 장모님의 목소리가 들려왔다.

"보람이 애미야. 나 잠시 노인정에 갔다 올게."

장모님은 아내와 나의 통화를 방해하지 않는 것이 좋겠다고 생각하신 모양이었다. 그러나 나는 오히려 구원 투수를 잃어버린 꼴이 되고 말았다. 아니나 다를까, 현관 문을 닫는 소리가 수화기를 통해 들려오자마자 아내의 목소리가 바뀌었다. 그리고, 비난이 이어졌다.

"당신은 항상 그런 식이잖아요. 매일 야근이다, 특근이다, 숙직이다 하고. 심지어 일요일에도 회사 일로 통화하는 사람인데 중요하지 않은 일이 어디 있겠어요."

아내가 자세를 확 바꾸자, 나도 갑자기 분노가 치밀어 올랐다. 나도 할 말은 해야겠다는 생각이 들었다.

"당신도 잘한 것 없잖아. 항상 밖으로만 돌고. 오히려 내가 애들을 챙기고 집안일을 보고 있잖아."

"참, 어이없네요. 숙직이다 뭐다 핑계를 대며 외박을 밥 먹듯이 한 사람이 누군데 그래요?"

"그거야, 회사에서 잘리지 않으려면 어쩔 수 없잖아. 나도 돈 벌어다 주는 기계 노릇 좀 그만 하고 싶어."

"돈 벌어 주는 기계요? 그럼 기계처럼 돈이나 제대로 벌어 줘 봤어요? 쥐꼬리 같은 월급으로 그나마 아파트 한 채라도 사게 된 게 누구 덕인데 그래요, 어? 나는 콩나물 값도 아끼는데, 당신은 신용 카드로 돈 빌려서 주식 투자나 하고. 나는 뭐 꿈도 없는 줄 알아요? 내가 왜 이렇게 살아야 되는데요? 정말 당신이란 사람은 이해심도 없고. 이제 나도 지쳤어요. 우리 이쯤에서 끝내요."

끝내자고? 뭘를. 싸움을 끝내자는 말인가? 그러나 내 기대는 이슬처럼 말라버렸다.

"이혼 서류 준비해요. 얼마든지 도장 찍어 줄 테니까."

"뭐라고? 이혼? 당신 말이면 다인 줄 알아? 난, 절대로

그렇게 못해? 어불성설이군. 누가 잘못했는지 따져 봐. 오히려 내가 이혼을 청구해야 할 형편이야.”

"누가 잘못했는지는 중요하지 않아요. 지금 중요한 건 우리 사이에 사랑이 식었다는 거예요. 당신은 나에게 관심이 없고, 나도 '왜 이렇게 살아야 하나'라는 생각이 들어요. 아무런 희망도, 보람도 없어요. 내가 누구 때문에, 무엇 때문에 이렇게 살아야 하죠?”

아내는 이렇게 말하고는 신경질적으로 전화를 끊어 버렸다. 수화기를 꽝 하고 내려놓는 소리가, 내 심장을 두드렸다. 나는 더욱 화가 나서 몇 번이나 처갓집으로 전화를 다시 걸어 보았지만, 아내는 전화를 받지 않았다. 아내의 휴대전화로 걸어도 마찬가지였다.

"에이, ……."

입천장까지 욕이 머물렀지만, 다행히 입 밖으로 내뱉지는 않았다. 아내에 대한 욕은 아니었다. 아내 앞에 무력한 나 자신에 대한, 그리고 나를 이런 상황으로 몰아간 세상에 대해서 내뱉는 욕이었다.

아파트 창 너머로 보이는 수많은 집들. 그 집들마다 사연을 안고 살기는 하겠지만, 오늘처럼 우리 집과 내가 초라해 보였던 적은 없었다. 바람이 불면 움츠리고, 햇볕이 강하면 시들어 버리는 야생초와 다를 바가 없다는 생각마저 들었다.

나는 그날, 평소에 마시지 않던 술을 마셨다. 마음이 괴로울 때에 마시는 술은 감로 같다. 쓴맛을 느끼게 하기는커녕 오히려 신선한 이슬 같은 느낌마저 준다.

"그래, 될 대로 되라."

술을 마시자 긴장이 풀어지고, 다 잘될 것 같은 느낌이 들었다. 그리고 '뭔들 못하랴' 하는 생각이 들었다. 바로, 이것이 술의 마력인 것이었다. 현실을 현실 그대로 보지 못하게 하는 것. 술은 일종의 마약이었다.

다음날 아침, 술이 깨자마자 나는 회사로 달려 나갔다. 비로소 다시 현실로 돌아온 것이었다. 술이 깨자마자 나는 불안해졌던 것이다.

"살아남으려면 나름대로 열심히 하는 모습이라도 보여야 해."

나는 어느새 아내와의 다툼도 잊어버리고 오로지 살아남아야 한다는, 잘려서는 안 된다는 생각밖에 없었다. 지금까지 대충대충 일해 온 것이 후회가 되었다. 팀장이랍시고 프로그램 작성을 프로그래머들에게 맡겨 두었었고, 심지어 시스템 설계와 분석조차도 과장급 직원에게 맡겼다. 그러나 구조조정의 1순위는 실무자가 아니라, 언제나 중간간부였다. 고급간부는 연줄로 살아남고, 실무자는 자기가 지닌 지식과 기능으로 살아남지만, 나 같은 중간간부는 이러지도 저러지도 못하고 퇴출당해야 할 운명이었다.

"그러니, 이제부터라도 다시 시스템 분석을 시작해 보는 거야."

그동안 나는 팀장급이라는 것을 내세우며 프로젝트 관리만 했을 뿐, 시스템 분석 업무와 같은 실무에서 손 뗀 지 오래되었다. 그러나 오늘만큼은 그저 관리자로서 안일하게 살아온 내 자신이 후회스럽게 느껴졌다.

"변화를 준비했어야 했어."

이렇게 중얼거리며 하루 종일 시스템 분석 명세서를 들쳐 보았지만 머리만 멍할 뿐이고, 무엇 하나 제대로 진행해 보지도 못한 채 퇴근 시간을 맞아야 했다. 집으로 돌아와서도 나의 초조감은 계속되었다. 밤 늦게 다시 회사로 가봐야겠다는 강박감마저 들어 회사를 향해 또다시 출발했다.

9시가 넘어서야 회사에 다시 도착했지만, 사무실에는 불이 켜져 있었다. 나는 의아한 마음으로 조심스럽게 전산실 문을 열었다. 헉, 전산실 직원의 절반 정도가 아직도 회사에 남아 있었다.

"아니? 뭣들 하는 거야? 여태 퇴근도 안 하고."

"어라? 팀장님은 왜 또 나오셨어요?"

"어, 그냥. 잠도 안 오고, 집사람은 친정에 가 있고 해서 말이야."

나나 다른 직원들이나 어색한 표정을 지은 채, 서로 시선을 마주치지 않으려고 애썼다. 그리고 각자의 책상에 앉아 컴퓨터로 무언가 열심히 작업을 하는 듯했다. 그때였다.

"제길, 우리가 도축장에 끌려온 송아지입니까?"

누군가가 이렇게 큰 소리를 쳤고, 직원들은 모두 그 소리가 나는 곳을 쳐다보았다. 평소에도 호탕하기로 유명한, 시스템운영팀 소속의 이상돈 대리였다.

"그게 무슨 소리야?"

이렇게 물은 것은 운영팀 팀장이었다. 운영팀장도 퇴근하지 않고 있었던 것이다. 운영팀장의 눈치에 아랑곳없이 이상돈 대리가 마구 말을 내뱉었다.

"생각해 보십쇼. 구조조정이 시작되지도 않았는데, 이렇게 미리부터 '쫄아' 가지고는 말이죠."

"쫄다니, 말조심해! 그리고 나름 배웠다는 사람이 쫀다가 뭐야, 쫀다가. 십대도 아니고 말이야. 어디서 그런 비속어를 배웠어?"

운영팀장이 버럭 화를 냈지만 이상돈 대리는 다시 말을 이어 붙였다.

"그럼 쫀 게 아니고 뭡니까? 개발팀도 그렇고, 우리 운영팀도 그렇고, 다들 쫄아 가지고 퇴근도 못하고. 게다가 한 팀장님은 집에 갔다가 다시 오기까지 하셨잖아요. 그래요, 쫀다는 말이 거북하시면 위축되었다고 말하면 되나요? 아마 내일쯤 되면 전산기획팀장님도 우리처럼 야근하기 시작할 걸요?"

나는 그 말을 듣는 순간, 얼굴이 화끈거렸다.

"어! 이 대리, 난 그냥 할 일이 있어서 온 것뿐이야."

그러나 이 대리도 지지 않았다.

"할 일이 있어서 온 거라고요? 좀 솔직해 보세요. 저도 그렇지만 여기 있는 사람들 모두 구조조정 대상에 오를까 봐 겁나서 그런 거 아니에요?"

사실 맞는 이야기였다. 우리 전산실 직원들은 '칼퇴근' 하기로 유명하였다. 퇴근 시간이 되기도 전에 퇴근 준비를 했다. 그런 모습을 다른 부서에서 곱게 봐줄 리가 없었다. 특히, 주로 저녁 무렵에 업무가 밀리는 해외영업부나 1년 365일 비상 대기하고 있는 기획실이 더더욱 그랬다.

특히 기획실 직원들은 전산실 직원들을 아니꼽게 보았다. 모든 정보를 독점하고서 그 정보로 권력 기관처럼 군림하는 전산실, 때로는 기획실을 거치지 않고 회장을 독대하는 전산실장, 알 수 없는 컴퓨터 용어로 자기들끼리만 통하는 대화를 하며 전산실의 권력을 즐기는 전산실 직원들. 기획실과 전산실 사이에는 모종의 알력이 존재하고 있었다.

다음날, 회사는 더욱 술렁거렸다. 나는 그런 술렁거리는 분위기를 감지하며 전산실로 올라가고 있었다. 바로 그때 내 옆으로 기획실 직원들이 지나갔다.

"야, 위대한 권력기관, 전산실의 한 팀장님 아니십니까?"

이렇게 비꼰 것은 기획실 소속의 기획팀장이었다. 입사 동기 사이이기는 했지만, 기획팀장과 나 사이에도 뭔가 벽이 존재하고 있었다. 서로 다른 부서, 그것도 알력이 심한 부서에 근무하고 있기 때문이라고 생각했다. 그런데 오늘

은 나를 비꼬는 태도가 심했다.

"어, 그래. 내가 전산실 한 팀장이다. 추풍낙엽 신세가 될 기획실은 다들 무사하신가?"

나는 구조조정을 빗대어 너도 안전치 못할 것이라고 비꼬아 주었다. 그런데 오히려 기획팀장은 득의만만한 표정을 지으며 대꾸도 없이 지나갔다.

그가 왜 그랬는지, 나는 전산실에 도착해서야 알게 되었다. 전산실 입구에 붙은 사내용 게시판 앞에 사람들이 모여 웅성거리고 있었다.

"무슨 일이야?"

"드디어 시작되었습니다, 팀장님."

"시작되다니?"

"구조조정 말입니다. 구조조정본부를 설치하고, 기획실을 구조조정본부 소속으로 바꾼다는 공람이 떴네요."

'헉!'

나는 숨이 멎는 듯했다. 칼자루는 기획실로 돌아갔다. 게다가 칼자루를 마음껏 휘두를 수 있도록 아예 권력까지 덤으로 주어졌다.

"본부급이라면 회장 직속 아니야?"

누군가가 이렇게 물었다. 법적으로는 문제가 될 소지가 있었지만, 어쨌든 회장이 칼자루를 부여한 것이 틀림없었다.

"그래, 본부장은 누군데?"

나는 마음을 가라앉히고 옆에 있던 전산기획팀장에게 물어 보았다.

"강제로라는 사람이라더군. 뭐, 구조조정 전문가라나 뭐라나."

나의 예감은 들어맞았다. 전에 신문 기사를 통해 알게 된 그 사람. 바로 그 사람이 우리 회사로 들어온 것이 확실했다. 지난번에 전산실장이 이야기해 준 적이 있지만 긴가민가했는데, 이제는 기정사실로 받아들여야만 했다. 강제로라는 사람이 구조조정본부장이라는 것을.

회사의 분위기는 하루하루가 다르게 뒤숭숭해져

갔고, 나 또한 일이 손에 잡히지 않았다. 그럴수록 아이들

이 보고 싶어졌다. 나는 다시 아이들이 있는 처가로 전화를

걸었다. 이번에도 아내가 먼저 전화를 받았다.

　"여보, 나야."

　"늘 바쁜 당신이 웬일이세요, 먼저 전화를 다 주시고. 이

혼 서류는 준비했어요?"

　"이제, 그만 좀 하지. 그리고 당신이 보고 싶어서 전화한

것 아니야. 아이들이나 좀 바꿔 줘."

"애들 자요. 그나저나 뭘 그만 좀 하라는 말이에요?"

"아니 그깟 일로 이렇게까지 해야겠어?"

"그깟 일이라고요? 그깟 일이 한두 번이었나요?"

"그래, 내가 잘못했다. 이제 좀 그만 하자."

"그만 하면요. 그러면 당신이 변하나요?"

"내가 뭘 어쨌다고 그래?"

"거봐요. 당신은 하나도 변한 게 없어요."

"내가 뭘. 도대체 내가 왜, 어떻게 변해야 하는데?"

"그게 당신 문제예요. 자신이 변해야 한다는 것조차 모르고, 어떻게 변해야 할지도 모른다는 것. 당신은 이기적인 사람이에요."

"이기적이라고? 내가 가족을 위해서 얼마나 희생하는지 몰라서 그래?"

"희생이요? 당신이 뭘 희생했는데요? 그럼, 나는요? 내 희생에 대해 생각해 봤어요? 당신하고 아이들 뒷바라지 때문에 나는 뭐가 되었냐 이 말이에요. 이혼 서류나 준비해요."

통화는 그렇게 또 싸움으로 끝나고 말았다. 그리고 아내의 마지막 말이 내 가슴을 후벼 팠다. 그러나 나도 마지막까지 자존심을 놓치고 싶지는 않았다.

"이혼 서류를 준비하라고? 좋다 이거야."

나는 이렇게 외쳐 보았지만 메아리도 돌아오지 않았다.

나는 너무 혼란스러웠다. 내가 뭘 어떻게 해야 한단 말인가. 꼬박꼬박 월급 갖다 줘, 수당 한푼이라도 더 타 보려고 야근에 특근까지 해, 승진하려고 발버둥쳐. 무엇을 얼마나 더 하라는 말인가?

아내와 싸운 다음날, 내게는 또 하나의 이혼 예고
장이 준비되어 있었다.

"한 팀장, 오후에 시간 있지?"

"예, 그렇기는 합니다만······."

"그럼 시간 비워 둬. 중요한 일이 있을지 몰라."

전산실장은 늘 하던 식으로, 앞뒤 재지 않고 명령조로 하
고 싶은 말을 전했다. "젠장, 제가 실장님 종인 줄 아십니
까?"라는 말이 입 앞까지 나왔지만 꾹 참았다.

"예, 알겠습니다. 그런데 혹시 무슨 일인지 미리 알려 주

시면……."

"글쎄, 사실은 나도 잘 몰라. 다만 구조조정본부장이 오후에 전산실 팀장급까지 함께 면담하자고 해서 말이야."

"아, 네."

드디어 올 것이 오고야 말았다는 생각이 들었다. 오후에 면담을 가지면서 내 예상이 적중했다는 것을 알았다.

"지금 세계는 무섭게 변하고 있습니다."

강제로 본부장은 처음부터 끝까지 자기 얘기만을 일방적으로 전달했다.

"만약, 지금 회사가 변하지 않으면 회사는 변화의 물결을 견디지 못하고 전복되고 말 것입니다. 회사라는 배가 전복되지 않으려면 배를 가볍게 해야 합니다."

나는 강 본부장이 무슨 말을 이어갈지 예상이 되었고, 강 본부장의 말은 내 예상대로 이어지고 있었다.

"그래서, 전산실을 별도의 독립법인으로 만들고자 합니다. 이미 회장님께는 말씀 드려 놨습니다. 다른 기업들처럼 시스템 통합을 전문으로 하는 회사를 만들겠다는 것이지

요. 그동안 전산실이 계열사들의 전산 업무를 도맡아 온 공로는 인정하지만 조직 체계의 문제도 좀 있고, 여러 모로 비효율적으로 운영된다는 점을 발견했습니다."

결국, 강 본부장은 우리 전산실을 해체하겠다는 소리를 에둘러 하고 있었다.

"그렇게 전산실을 계열사 형태로 만들고 나면, 전산실은 독자적인 생존을 해 나가야 합니다."

나는 강 본부장의 말 속에 담긴 의미 하나하나를 잡아내고 있었다. '독자적인 생존'이라는 것은 곧 알아서 떠나라는 소리였다. 일단 계열사 형태로 분리 독립시키겠지만, 사업성이 보이지 않는다는 생각이 들면 지분을 다른 회사로 넘길 것이 뻔했다. 지금처럼 프로그램을 임대해서 쓸 수 있고, 얼마든지 외부 용역업체를 통해서 전산화를 할 수 있는 시대에, 굳이 전산실을 두지 않으려는 것이 대세이기는 했다.

결국 우리는 그렇게 다른 회사로 팔려 나갈 운명이 되어 버렸다. 나는 또 다른 이유를 곧이어 이어진 강 본부장의

말 속에서 들을 수 있었다.

"전산실은 그 동안 폐쇄적으로 운영이 되어 왔습니다. 그래서 다른 부서의 전산화 요구를 제대로 수용하지 못했습니다. 전산화로 많은 업무를 경감시킨 업적은 인정합니다. 하지만 제가 살펴본 바로는 경쟁력이 없습니다. 지금 상황대로라면 차라리 다른 시스템 통합 전문 회사에 전산화 및 경영 정보 처리 업무를 맡기는 편이 나을 듯합니다. 앞으로 전산실도 시스템 통합 전문 계열사로 독립한 뒤, 타 업체와 경쟁해야 할 것입니다. 경쟁력이 있으면 살아남을 것이고, 그렇지 않다면……."

강 본부장은 말을 끝까지 잇지 않았다. 오히려 강 본부장은 말을 적당히 끊음으로써, 살 길을 알아서 찾아보라는 압력을 우리에게 주고 있었다. 전산실장과 전산기획팀장, 그리고 시스템운영팀장의 얼굴이 어둡게 되는 것을 나는 엿볼 수 있었다. 물론, 그들도 내 얼굴 속에서 어두운 표정을 보았을 것이 분명했다.

"전산실을 별도의 독립적인 회사로 만든다고요?"

　이상돈 대리가 어느새 소식을 들었는지 공 실장에게 항의하다시피 묻고 있었다.

　"이봐, 이 대리. 이미 결정된 일이야. 이건 나로서도 어쩔수 없는 일이야. 회장님의 결제까지 끝난 마당에 이제 와서 뭘 어쩌겠어?"

　"뭐가 회장님 결제입니까? 구조조정본부장 마음대로 한거지. 회장님은 사인만 하신 것 아닙니까?"

　"자네 그렇게 머리가 안 돌아가? 다 회장님의 뜻이 있으니까 그 사람이 그렇게 밀어붙이는 거 아니야?"

　"말이 분사지, 회사를 떠나라는 소리나 다름없잖아요?"

　"넘겨짚지 마."

　그렇게 공 실장과 이 대리의 실랑이는 계속되었고, 전산실 분위기는 최악이 되어 있었다.

그날따라 온통 하늘이 잿빛이었다. 나는 그런 우울한 분위기를 도저히 견딜 수 없어서 회사를 나왔다. 그리고 여의도공원을 한 바퀴 걸어서 돌아 보았다. 그러나 여전히 생각은 몇 시간 전의 상태로 정지되어 있었다.

아무런 느낌도 생각도 없이 걷기 시작했고, 어느새 나는 한강시민공원에 나와 있었다.

시민공원의 여의나루 지구에는 흐린 날씨에도 불구하고 여전히 사람들이 많았다. 뭐가 그리 좋은지 모르겠지만 저마다들 웃고 있었다. 심지어 자전거를 타다가 넘어져도 웃는 연인들도 보였다. 다리에 생채기가 나도 웃는 사람들을 보면서 나는 비로소 정신이 돌아왔다. 웃음이 명약이라고 했던가. 웃는 사람들을 보니 나까지 기분이 좋아져서 마음이 치료된 것 같았다.

"우리 인생도 처음부터 끝까지 이런 공원 같은 분위기라면 얼마나 좋을까?"

나는 주위를 둘러보았다. 그리고 곧 다시 기분이 우울해졌다. 바로 내 옆에 있는 두 사람이 자전거 타는 일로 다투고 있었기 때문이었다.

"당신은 왜 하필 쉬는 날 나오자고 그래?"

"그럼 쉬는 날에 놀지, 언제 놀아요?"

"아무튼 짜증나. 당신하고 나하고는 맞는 게 없어."

꼭 우리 부부 사이를 보고 있는 것 같았다. 나는 그래서 더욱 기분이 우울해졌다. 하지만 생각마저 정지된 것은 아니었다. 나는 문득 이런 생각이 들었다.

"왜 똑같은 자전거를 타면서 어떤 사람들은 행복해하고, 어떤 사람은 우울해할까?"

나는 이렇게 독백하면서 내 자신을 돌아보았다. 어쩌면, 지금 내가 처한 상황이 자전거를 타는 것과 비슷할지도 모른다는 생각이었다. 충분히 즐거워할 수 있는 상황인데, 짜증을 내고 있는 것은 아닌가 하는 생각이 들었다. 마치 짜

중 할머니처럼.

"짜증 할머니?"

나는 불현듯, 생각을 멈추고 짜증 할머니를 다시 기억해 내었다. 그리고 거의 동시에 감사 할머니도 생각이 났다. 영등포로터리 부근에서 장사를 하시던 두 분의 할머니. 두 분 다 떡볶이와 튀김을 파셨다. 그런데 한 분은 늘 행복해 보였고, 한 분은 늘 불만투성이로 불행해 보였다. 늘 행복해하던 할머니 집은 늘 손님들로 붐볐다. 반면에 늘 짜증을 내고 인상을 쓰던 또 다른 할머니 집은 늘 한산했다.

사실, 맛으로 따진다면 인상 쓰시던 할머니 집이 더 좋았다. 그렇지만 사람들은 행복해하는 할머니 집을 찾았다. 우리는 그 할머니를 '감사 할머니'라고 불렀고, 늘 인상을 쓰는 할머니를 '짜증 할머니'라고 불렀다.

"그래, 어쩌면 감사 할머니에게서 뭔가 비결을 찾을 수 있을지도 몰라."

나는 두 분 할머니를 만나서 살아가는 비결을 듣고 싶었다.

한강시민공원에서부터 영등포로터리까지 걸어가면서 거리를 걷는 사람들을 보니, 사람들의 표정이 천차만별이었다. 어떤 사람은 추레한 옷을 입고도 행복에 겨워하였고, 어떤 사람은 최고급 옷을 입고 백화점에서 산 옷들을 잔뜩 쇼핑백에 담아 들고서도 무표정한 얼굴이었다.

　"어쩌면……."

　나는 어쩌면 사람들의 모습 속에서 회사와 가정의 위기를 헤쳐 나갈 지혜를 얻을 수 있을지도 모른다는 생각이 다시 한 번 들었다. 불행을 행운으로 돌릴 수 있는 기회, 바로 그것이었다. 무언가가 어렴풋이 내 머리 속을 스쳐 지나갔다.

　다행히 떡볶이 할머니들은 여전히 그 자리에서 그래도 장사를 하고 계셨다.

　나는 먼저 짜증 할머니 집으로 들어갔다.

　"할머니, 안녕하세요?"

그러나 짜증 할머니는 내 인사를 받는 둥 마는 둥, 다른 손님들에게 떡볶이와 튀김을 집어 주고 있었다. 그리고는 이내 예전처럼 불평과 불만을 쏟아 내셨다.

"나쁜 놈들, 그렇게 할 짓이 없으면 하수구나 팔 일이지 말이야."

"무슨 일이 있습니까?"

"글쎄, 하수구 물이 넘쳐 가지고 온통 냄새 천지가 되었잖아. 그런데 구청에 근무하는 놈들이 하수구는 안 파고, 내 포장을 뜯어내라는 거야."

"아, 네."

이곳 영등포로터리 일대는 몇 십 년 전만 해도, 사람이 살기 힘들 정도로 물이 넘치던 곳이었다. 그나마 지금은 사정이 많이 좋아졌지만, 아직도 비가 심하게 오는 날이면 군데군데 하수도 물이 역류하기도 한다. 게다가 짜증 할머니를 비롯한 주변의 포장마차가 하수구를 가리고 있었고, 음식물 찌꺼기를 종종 하수구에 버리는 사람도 있고 하여 하수구가 더 자주 막히고는 하였다. 그래서 가끔 구청과 포장마차 주인들 사이에 실랑이가 벌어지고는 하였다.

구청에서는 할머니들을 생각해서 자주 단속을 하지는 않았지만, 민원이 많이 들어오는 날에는 어쩔 수 없이 포장마차를 한 번씩 구청으로 실어 가 버리고는 하였다.

"그놈들이 할 짓이 없는 게지. 나이 먹고 힘없는 노인들한테 뭐 뜯어 먹을 게 있다고."

짜증 할머니의 불평과 불만, 그리고 비난은 내가 떡볶이를 먹는 내내 이어졌다.

나는 떡볶이를 다 먹은 다음에 조용히 자리에서 일어섰다. 나와 함께 있던 다른 사람들도 조금은 불쾌한 표정으로 서둘러 자리를 떴다. 나는 조금 걸어서 행복 할머니의 포장마차로 가 보았다.

"할머니, 저 기억하시겠어요? 여기 자주 와서 계란말이랑 튀김이랑 사 먹고는 하였는데. 제 아내와 데이트할 때도 왔었잖습니까?"

"아, 그럼, 기억하고말고. 어서 와. 왜 그렇게 소식이 없었어?"

"벌써 한 3년 되었죠? 사는 게 쉽지 않아서 말입니다."

"별 소리를 다 하네. 어서 어서 앉아."

"늘 먹던 대로 떡볶이 국물에 튀김 적셔 주십시오."

"그래, 그래. 감사하네, 감사해. 이렇게 잘 살아 줘서 감사해."

감사 할머니는 늘 하던 버릇 그대로 자기 일이 아님에도 감사하다며 연신 웃음을 지으셨다. 나는 감사 할머니의 포장마차도 구청에서 실어 간 적이 있는지 여쭈어 보았다. 똑같은 상황에서 짜증 할머니는 구청 직원들을 비난하고 불평하며 불만스러워하셨지만, 감사 할머니는 그러지 않으실 것이라고 기대하면서.

"민원이 하도 들어오니까 자기들도 어쩔 수 없이 가져간다는 거야. 그래서 내가 그랬지. 나 때문에 힘들게 해서 미안하다고. 그랬더니 오히려 자기들이 미안해하는 거야. 벌금을 물기는 했지만, 어쩔 수 있겠어? 그 사람들도 그게 자기들의 밥줄인걸."

"그래도 짜증나지 않으셨습니까? 며칠 동안 장사도 못하

시고, 또 과태료까지 물어야 하니까 말입니다."

"나라고 왜 짜증나지 않겠어. 때로는 속이 부글부글 끓지. 하지만 그런다고 해서 일이 잘될 것은 아니지 않아. 그래서 나는 그냥 감사하게 생각하기로 했지."

할머니는 자기 마음을 다스릴 줄 아는 분 같으셨다. 지금 내 처지에서 내 마음을 다스릴 수 있다면 좋으련만. 나에게도 지금 짜증나는 상황들이 많지만, 나는 내 마음을 다스릴 수 없었다. 구조조정 문제로 힘이 빠진 상황에서, 집안 문제까지 겹치니 나도 심하게 짜증이 났다. 그래서 아내와 더 심하게 다퉜는지도 모르겠다.

나는 떡볶이를 먹는 내내 할머니에게서 뭔가 비결을 찾을 수 있을까 하고 생각하고 여러 가지 질문을 해 보았지만, 할머니는 그저 "감사하네, 감사해"라는 말만 하실 뿐, 왜 그렇게 감사하며 사시는지를 알려 주시지 않았다. 나는 실망한 마음을 안고, 할머니께 인사를 드리고 다시 집으로 향하였다.

회사에서 집으로 가려면 버스를 두 번 타야 했다. 늘 자가용 승용차를 이용해서 출퇴근해 오던 내게는 버스가 낯설었다. 우선 나는 인천으로 가는 광역버스를 탔다. 광역버스는 최고급 고속 차량이었다. 새로 노선을 개설했는지, 시설도 좋고 차도 깨끗했다. 나는 저절로 기분이 좋아져 운전기사에게 인사를 했다.

　　"안녕하세요?"

　　그러나 기사는 내 인사를 듣는 둥 마는 둥 하더니, 바로 문을 닫고 출발하였다. 버스는 무척 좋았지만, 내심 기분이

좋지 않았다. 기사는 달리는 내내 급정거를 하기도 하고 급출발을 하기도 했으며, 때로는 끼어드는 다른 버스 기사를 향해 고래고래 소리를 지르며 욕을 하기도 하였다. 덕분에 승객들이 모두 불안에 떨었고, 언짢아하였다. 시원한 에어컨 바람이 나오고는 있었지만 오히려 불쾌지수는 올라만 갔다. 그때 누군가가 한마디 했다.

"기사 양반, 이렇게 좋은 버스를 몰면서 왜 그렇게 화를 내요?"

그러자 운전기사는 버스를 잠시 세우더니, 말한 사람 앞으로 다가와서는 고래고래 소리를 질러대었다.

"내가 화 내는 데 당신이 보태 준 거 있어?"

"아니, 이 사람이? 당신? 언제 보았다고 당신이야? 손님한테 이렇게 막 대해도 되는 거야?"

그렇게 기사와 승객의 실랑이는 한참 이어졌고, 다른 승객들의 만류로 어찌어찌 버스는 다시 출발하였다.

나는 버스가 인천 시내로 접어들자마자 바로 내려 버렸다. 도저히 버스를 계속 타고 갈 마음이 아니었다. 차라리 택시를 잡아 타자는 생각이었다. 집까지는 그리 멀지 않았기 때문이었다. 하지만 택시는 쉽게 잡히지 않았다. 외곽순환도로에서 접어드는 길에 위치해 있었기 때문이었다.

"에이씨, 택시마저 왜 이렇게 오지 않는 거야?"

어느새 나도 모르게 언짢은 기분에 감염되었는지 욕이 나오고 있었다. 나는 그렇게 10여 분을 기다렸지만 택시를 잡을 수가 없었다. 나는 어쩔 수 없이 마을버스를 타야만 했다. 마침 마을버스 한 대가 도착하였다. 내 옆에 있던 학생들이 줄줄이 마을버스로 오르며 즐겁게 인사하기 시작하였다.

"아저씨, 안녕하세요."

"그래, 어서 타라."

"'하이염' 아저씨."

"'방가방가' 꼬마 숙녀."

50대 중반으로 보이는 운전기사는 뭐가 그리도 기분이 좋은지 인터넷 채팅 용어들을 사용하며 아이들을 반갑게 맞이하여 주었다.

그리고 내 차례가 되어 버스에 올랐을 때 나는 놀랐다. 마을버스가 마치 관광버스라도 되는 것처럼 여기저기 커튼과 그림으로 치장이 되어 있었다. 그리고 스피커에서는 신나는 트로트 곡이 흘러 나왔다.

"트로트 아저씨, 팝송도 좀 부탁해요."

학생으로 보이는 누군가가 이렇게 외쳤다. 아마도 운전기사를 트로트 아저씨라고 부르는 모양이었다.

"그래, 다음에 틀자. 아저씨는 트로트가 더 좋은데 어떡하지?"

"하하, 아저씨는 트로트만 사랑하시나 봐요?"

누군가가 또 이렇게 우스갯소리를 하자 버스 안에 있던 몇 사람이 킥킥거리며 웃기 시작하였고, 이내 모두들 소리내어 웃었다.

"아, 글쎄, 나는 이 버스만 타면 기분이 좋아진다니까."

"그러게요. 전세계에 이런 버스가 없을 걸요? 멋진 트로트 전문 DJ 기사가 있는 버스 말이야."

이렇게 저마다 한마디씩 하였고, 나는 그 대화의 주인공인 트로트 아저씨란 사람이 궁금해서 그를 쳐다보았다. 등만 보이는 그의 위로 걸려 있는 작은 그림 하나가 눈에 들어왔다.

저 멀리 보이는 오아시스를 향해 사막을 걷고 있는 사람이 그려진 그림이었고, 그 사람의 머리 위에는 "그림에도 불구하고"라는 문구가 풍선그림으로 그려져 있었다. 그리고 그 그림 한 켠에서 작은 글씨로 쓰인 또 다른 문구를 발견할 수 있었다.

"그림에도 불구하고 걸어라. 오아시스는 걷는 자에게 가깝다."

그럼에도
불구하고…

걸어라.
오아시스는
걷는 자에게 가깝다.

마치 광고 카피문처럼 신선해 보이는 그 문장을 보니, 뭔가 감동 같은 것이 밀려왔다. 하지만 그 감동이 어디서부터 시작되고, 어떻게 끝났는지는 나 자신도 알 수 없었다. 그저, 뭔가 실마리를 찾은 기분이었을 뿐이다. 나는 좋은 문장인 것 같아서 핸드폰을 꺼내어 입력하여 두었다.

　　아무튼 나는 언짢았던 기분이 풀어졌고, 버스에서 내릴 때에는 기분이 훨씬 좋아진 것 같았다. 그렇게 나는 트로트 씨를 만났지만 한동안 트로트 씨를 잊은 채로 살았다.

트로트 씨를 처음 만난 다음날이었다.

"본부장님, 재고해 주십시오. 전산실을 독립 법인으로 만든다고 해서 반드시 좋아지리라는 법은 없습니다."

공 실장은 그동안의 경영정보실의 성과를 보여 주는 차트를 그려서 본부장실로 찾아갔다. 나를 비롯한 모든 팀장들이 동행하였다. 공 실장에게 힘을 실어 주기 위해서였다. 나는 본부장의 냉철해 보이는 표정을 보며, 저 얼음 같은 표정을 녹일 수 있는 방법이 무엇일까를 생각해 보았다. 내가 이런 저런 궁리를 하는 동안에도 공 실장의 설득은 계속

되었다.

"본부장님 말씀대로, 저희가 회사의 수요를 다 충족시켜 주지는 못한 것이 사실입니다. 하지만 그것은 인력의 문제이기도 합니다. 저희가 인력을 충원할 수 있게 해 달라고 해도 인사부나 기획실 측에서 반대하고 나섰습니다. 더욱 허리띠를 졸라야 한다면서 말입니다. 이제라도 인력을 충원해 주시면 좋겠습니다."

공 실장은 엉뚱한 결론을 내고 있었다. 구조조정이라는 명분을 내세워 사원들을 자르기 위해 들어온 사람에게, 오히려 인력을 늘려 달라고 부탁하고 있는 것이 아닌가? 아니나 다를까, 강 본부장의 입가에 차가운 미소가 보였다.

"공 실장! 내가 왜 이 회사에 왔다고 생각해요?"

본부장은 직격탄을 날렸다. 공 실장은 아무 말도 하지 못하였다. 다시 본부장의 말이 이어졌다.

"내가 이 회사에 온 이유는 쓸데없는 살을 빼기 위해서요. 시장에서 1등을 못하는 계열사, 뚜렷한 성과를 내지 못하는 부서, 회사에 기여를 하지 못하는 사원들을 잘라내고

민첩하게 움직일 수 있도록 하는 것이 내가 할 일이란 말입니다. 그런데 오히려 인력을 충원해 달라니요."

강 본부장은 그러면서 모든 조직은 스스로 인력을 늘리려는 본능이 있다느니, 미국 해군 조직에 대한 연구를 통해서 그런 사례를 알 수 있다느니, 잭 웰치란 사람은 망해 가던 GE를 구조조정으로 살렸다느니 하면서 30분 정도를 설교하였다. 공 실장은 그런 본부장 앞에서 그저 목사 앞의 성도, 스님 앞의 보살처럼 아무 말도 하지 못하고 있었다.

나는 도저히 참을 수가 없었다. 비록 평소에 알력이 있던 공 실장이기는 했지만, 그래도 내 직속상관이 모욕을 당하는 것을 참을 수 없었다. 직속상관에 대한 모욕이 나와 우리 부서에 대한 모욕으로 느껴졌다. 그래서 소리쳤다.

"본부장님, 좋습니다. 6개월만 시간을 주십시오. 만약 그 안에 우리가 변하지 않으면 저는 확실히 사표를 내겠습니다. 여기 있는 동료 팀장들도 마찬가지일 거라고 생각합니다."

내가 이렇게 외치자 공 실장이 나를 건드리며 입을 단속하라는 눈치를 주었다. 그러나 다른 팀장들은 내 뜻에 동의

한다는 듯이 결연한 표정을 보이며 나를 응원하고 있었다. 그런 분위기를 눈치 채었는지 본부장이 조용히 우리를 바라보더니 입을 열었다.

"다른 팀장들도 그 말에 동의하나?"

나는 시선을 본부장의 입에서 재빨리 다른 팀장들의 얼굴로 옮겼다. 팀장들의 얼굴에 뭔가 불덩이 같은 것이 느껴졌다.

"좋습니다. 저희도 한번 해 보겠습니다. 어차피 이래 죽으나 저래 죽으나 마찬가지 아니겠습니까?"

화끈한 성격의 운영팀장이 직설적으로 대답하였다. 전산기획팀장도 마찬가지였다.

"뭐, 저희야 요즘 각광받는 IT 인력이라 오라는 곳은 많으니까요. 저희가 나가면 오히려 이 회사에 손해일 겁니다. 본부장님은 여기 오신 지 얼마 안 되었지만, 저희는 여기서 오래 근무한 사람들입니다. 누구보다 회사에 대해서 잘 알지요. 저희도 한다면 합니다. 저희하고 내기하시죠. 저희가 성공적으로 변화하게 될 것이고, 본부장님은 곧 다른 회사

로 옮기셔야 할 겁니다."

전산기획팀장의 말이 끝나자, 본부장은 상기된 표정을 지었다. 그러나 구조조정의 전도사답게 금방 냉철한 표정을 지어 보였다.

"좋아요. 6개월이에요. 6개월 안에 확실하게 변하지 않으면 안 돼. 그리고 단 하루도 넘기지 않을 거요. 그리고 평가는 내가 할 거요."

'이런 제길.'

나는 아차하고 후회를 했다. 평가하는 방법을 처음부터 정해 놓고 이야기해야 했는데. 평가 기준을 본부장이 가지고 있으니, 칼자루는 본부장이 쥔 셈이었다. 내가 평가 기준을 공정하게 정하자고 말하려고 하였으나, 본부장이 큰 소리로 외쳤다.

"나가 봐요. 칼자루는 당신들이 내게 주었으니, 더 이상의 협상은 없어요. 6개월! 명심해요."

나와 팀장들은 혹 떼려다 혹 붙인 꼴이 되고 말았다. 공실장은 본부장실을 나오자마자 우리들이 경솔하게 행동한 것에 대해서 마구 다그쳤다. 그러는 것이 무리가 아니었다. 그나마 젊은 우리들은 회사에서 잘려도 살 길이 있지만, 공 실장은 그럴 처지가 아니었다. 아마도 회사에서 퇴출되면 슈퍼마켓 주인이 되거나, 분식점이나 치킨점 주인이 되어야 할 것이었다.

공 실장도 자신을 궁지로 몰아간 것이 마치 우리라고 생각하였는지, 고래고래 소리를 질렀다.

"자네들, 정신이 있는 거야, 없는 거야. 왜 시키지도 않은 말을 해서 우리 부서를 곤란하게 만들어? 당신들이 내 인생 책임질 거야? 저 많은 부서원들의 인생까지 책임질 거냐고?"

그러나 나도 지지 않고 대꾸했다.

"그럼, 30분이나 설교하는데도 아무 대꾸도 하지 않은 채로 듣고만 있으란 말입니까? 지가 무슨 목사님이나 스님이라도 되는 줄 아는 모양인데, 어림없는 소리입니다. 구조조정 전도사? 웃기지 말라고 하세요."

나의 말에 팀장들이 맞장구를 쳐 주었다.

"공 실장님, 기왕 이렇게 된 거 6개월 동안 살 길이나 찾아봤으면 합니다."

"그래요, 공 실장님. 화 누그러뜨리시고 함께 뭔가 변화할 방법을 찾아보도록 하죠."

우리들은 이렇게 말을 하였지만, 내심 속으로는 불안해하고 있었다.

그날 밤 우리는 거하게 취하였다. 이러지도 저러지도 못하고, 능력마저 없는 우리들. 구조조정 대상이 되어 버린 우리들. 게다가 어리석어서 칼자루까지 본부장 앞에 갖다 바친 우리들의 부족함을 술로 달래었다. 평소에는 그다지 즐기지 않던 술이었다. 그날따라 술이 왜 그리 달콤한지. 마시는 대로 넘어가고 있었다. 회사 근처에서 시작된 우리들의 술자리는 여의도 일대를 배회하며 계속되고 있었다. 1차는 식당에서, 2차는 맥주 집에서, 3차는 칵테일 바에서,

4차는 포장마차에서.

"따불."

새벽 2시. 지하철과 버스가 끊어진 시각이었다. 팀장들은 저마다 택시를 불러 집으로 향하였다. 규정 요금의 2배를 주고서라도 택시를 잡으려는 사람들. '따불'이라는 말. 이 말은 샐러리맨들이 가장 고통스러울 때 기분 좋게 택시를 부르는 소리였다. 가장 스트레스를 받는 상황에서 오히려 자신을 과시해 보일 수 있는 말이었다. '나는 따불을 불러서 집으로 갈 만큼 돈을 잘 번다, 그만큼 능력이 있다'라는 것을 주위 사람들에게 보여 주고 싶어 하는 것이었다. 사실 그 이면에는 사람들에게 인정받고 싶어 하는 심리도 잠재해 있었다. 그래서 샐러리맨들은 술에 심하게 취하면 대리 운전을 부르기보다는 '따불'이라고 외치며 택시를 잡으려고 하는지도 모른다.

혹시 트로트 씨를 다시 만날까 하여 아침에 차를 가져오지 않았던 나도 택시를 잡아야만 했다. 나 또한 전형적인 샐러리맨이었다. 마음껏 과시하고 싶었다.

"인천, 따따불."

'그래, 나는 택시 요금을 4배로 낼 수도 있는 잘 나가는 샐러리맨이다 이거야.'

속으로는 이렇게 외쳤지만, 내 입에서는 그저 '따따불'이라는 소리만 한껏 터져 나왔다. 그러나 택시들은 서지 않았다. 나 같은 손님을 태우면 구토 때문에 택시를 더럽힐 거라는 생각이 드는 모양이었다. 나는 도로 가에 앉아 몸을 숙인 채 술이란 놈들을 호흡으로 쫓아내었다.

"휴."

그렇게 나는 긴 한숨을 수없이 쉬었다. 그렇게 얼마나 시간이 흘렀는지 모르지만, 어느새 새벽이 시작되고 있었다. 나는 정신없이 걷기 시작했다.

'어디론가 가야 해. 살아야 해.'

내 영혼의 깊은 곳에서 그런 울림들이 흘러나와 내 몸 곳곳으로 퍼지고 있었다. 나는 나도 모르게 발걸음을 재촉하고 있었다. 어느새 나는 찜질방 앞에 도착하였고, 나도 모르게 잠이 들었다.

새벽에 깨어 목욕을 하고 나자 제정신이 돌아왔다.

"이런, 몇 시지?"

나는 갑자기 아내가 나를 걱정하고 있을지도 모른다는 생각이 들었다. 그러나 이내 맥이 빠졌다. 아내는 지금 친정에 가 있는 상태였다. 나를 걱정해 줄 사람은 없었다. 나는 뜬금없이 저울 앞으로 다가가 몸무게를 재어 보았다. 몸무게는 81킬로그램. 청년 때의 67킬로그램에 비하면 많이 늘어 있었다. 이제 나도 중년이 되어가고 있는 것이다. 서러웠다. 내 모든 것을 바쳐 온 가족인데. 아내는 나를 이해하지 못하고 있다. 내가 가장 사랑하는 아이들은 지금 내 곁에 없다. 나는 너무 서러워 목욕탕 화장실에 앉아 눈물을 훔쳤다. 아이들의 목소리가 듣고 싶었다. 아내의 친정으로 전화를 했다. 혀 꼬부라진 소리로 나는 아내와 통화를 시작 하였다.

"여보, 나야."

"무슨 일이에요, 이 새벽에."

"……."

아내의 퉁명스런 대답에 나는 할 말을 잃어버렸다.

"당신, 취했어요? 무슨 일 있어요?"

내가 한참 동안 대답을 하지 않자, 아내가 목소리를 조금 부드럽게 바꾸어 다시 물어 보았다. 그 부드러움이 내 마음 을 녹였는지 들켜서는 안 될 내 마음을 말하고 말았다.

"여보, 나 서러워."

"……."

이번에는 아내가 한참 동안 말이 없었다. 그렇다고 깊은 속마음을 내뱉은 내가 또 뭔가 말을 잇기에는 어색한 분위기였다.

"여보, 나 끊을게."

그렇게 아내와의 대화는 마무리되었다. 나는 주섬주섬 옷을 챙겨 입고 찜질방을 나왔다.

새벽 거리는 너무 쓸쓸했다. 도시의 새벽은 밤보다 덜 화려하다. 태양이 뜬다고 하지만, 태양 앞에 길잡이를 하는 새벽은 도시의 모든 것을 비워 버린다. 화려했던 네온사인들, 술 취한 행인들, 소란스러운 소리들. 모든 것이 비워져 버린 새벽은 텅 빈 공터다.

외로움과 서러움이 더욱 복받쳐 올랐다. 행여 아내가 문자라도 보내지 않았을까 하며 전화기를 꺼내 보았다. 그러나 문자는 오지 않았다. 나는 다시 회사를 향해 걸었고, 걷는 동안 여러 번 핸드폰을 만지작거렸다. 문자가 오기를. 위로하는 문자가 오기를 마음속으로 외쳤다. 그때 어디선가 아름다운 선율이 흘렀다. 나는 거의 본능적으로 핸드폰을 꺼내 펼쳐 보았다.

문자였다.

"여보^^ 힘내요.
그리고 우리 조금
만 더 생각해 보
기로 해요."

아내가 내게 기회를 줬다. 생각해 보겠다는 것은 이혼을
잠시 미뤄 보겠다는 것이 아닌가? 나는 기뻤다. 그리고 회
사를 향해 마구 뛰었다. 나는 살아야 했다. 나를 위해, 아내
를 위해, 그리고 가족을 위해. 내가 살아야 할 의미가 다시
생기고 있었다. 회사에 가면 뭔가 할 일이 있을 것만 같았
다. 나를 살려 줄 무언가가 나를 기다리고 있을 것 같았다.

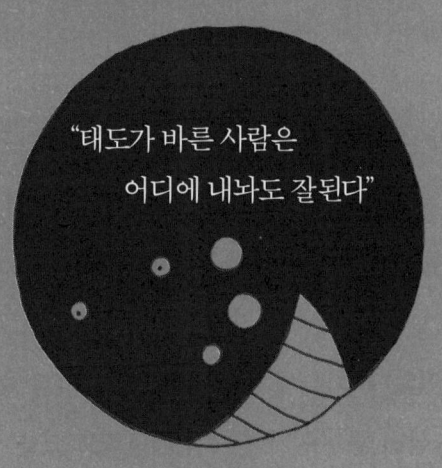

"태도가 바른 사람은
어디에 내놔도 잘된다"

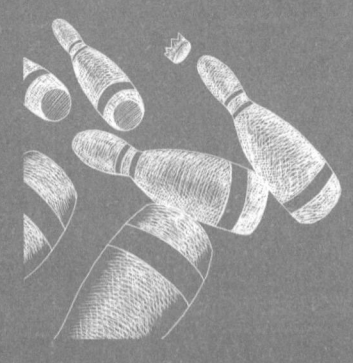

파리, 똥, 나비, 꽃

어찌나 뛰었던지 구토가 일어나 아파트 단지 안에 있는 상가로 향했다. 상가 안에는 필경 화장실이 있을 것이 분명했다.

여의도의 사무용 빌딩 화장실은 무척 깨끗하다. 그러나 아파트 상가 빌딩에 있는 화장실들은 그렇지 못한 것이 일반적이었다. 휴지는 바닥에 널려 있기 일쑤고, 세면대에는 때가 끼는 것이 일상이며, 세면대 거울마저 한쪽은 깨져 있기가 다반사였다.

나는 꺼림칙한 마음이 들었지만 얼굴도 씻어야 하고, 무엇보다도 구토가 날 것 같아서 참을 수가 없었다. 아내의 문자 메시지 덕분에 기분이 좋아지고 긴장이 풀어져서 그런지 갑자기 구토가 날 것만 같았기 때문이다.

나는 일단 가까운 상가로 가 보았다. 그러나 상가의 화장실 문은 굳게 잠기어 있었다. 나는 왜 그런지 그 이유를 알고 있었다. 아파트에 사는 사람들이나 지나가는 사람들이 화장실을 더럽게 쓰기 때문이었다. 화장실 청소가 귀찮은 관리인들은 대개 밤에는 화장실을 잠가 버리기 일쑤였고, 어떤 상가는 아예 한낮에도 잠그고는 했다. 대신에 상가 점포들마다 열쇠를 가지고 쓰게도 하였다.

나는 별 수 없이 또 다른 상가를 찾아 나섰다. 바로 근처에 다른 아파트의 상가 건물이 있었다. 나는 다행이라고 생각하며 얼른 그곳으로 뛰어갔다. 구토가 나와 참을 수 없을 지경이었기 때문이다.

새벽임에도 불구하고, 그 상가 건물은 유난히 깨끗해 보였다. 나는 화장실 문을 찾았다. 다행히 화장실 문이 열려 있었다. 급히 화장실 안으로 들어서자 향기로운 냄새가 났

다. 그렇다. 향기로운 냄새였다. 결코 똥 냄새나 오줌 냄새가 아니었다. 화장실 안은 아주 깨끗하게 정비되어 있었고, 때 하나 없었다. 화장실 벽 이곳 저곳에는 아름다운 그림이 액자 속에 걸려 있었고, 아파트 거실에서나 봄직한 화분들이 여기저기 놓여 있었다.

나는 구토하기가 미안해졌다. 집 화장실보다 더 깨끗한 화장실에 구토한다는 것이 쉽지가 않았다. 긴장이 되었다. 구토해서는 안 될 곳이라는 생각마저 들었다. 어느새 구토가 멈췄다. 구토란 역겨운 냄새를 맡을 때 잘되는 법인데, 역겨운 냄새가 없으니 구토가 쉽지 않은 점도 있었다. 나는 세수만 하고는 화장실을 나왔다. 화장실 주변도 여러 가지 꽃으로 잘 단장되어 있었다.

"참, 상가 관리를 잘하는구나. 어디 전문 회사에 외주를 주어서 관리하나?"

내가 이렇게 혼잣말로 중얼거리고 있는데, 낯선 아주머니 한 분이 다가왔다.

"외주는… 그냥 아파트 관리사무소에서 하는 거예요."

아주머니는 대걸레와 물통을 양 손에 들고서는 나를 향해 다가왔다. 아주머니의 청소복은 곱게 다려져 있었다. 나는 아파트 상가 화장실을 쓴 것이 겸연쩍어서 가벼운 미소를 지어 보였다. 그러자 아주머니의 말이 이어졌다.

"출근하시는 길인가 봐요?"

"아, 네. 회사가 근처라서 말입니다."

나는 엉뚱하게 말을 하였다. 출근하는 일과 회사가 근처라는 것이 무슨 상관인가? 아니나 다를까, 아주머니의 질문이 이어졌다.

"회사가 근처인데 일찍도 출근하시네요. 아직 아침도 전인데, 부지런하시네요."

그렇게 말하고는 아주머니는 화장실로 들어갔다. 나는 다시 구토가 시작될 것 같아 화장실로 급히 뛰어 들어갔다. 그런데 아주머니가 청소를 하고 있어 화장실 문 밖에서 서성이는데, 아주머니가 나를 쳐다보았다.

"왜? 토할 것 같아요? 걱정 말고 들어와요. 보니까 어제 과음하셨네요."

아주머니는 내가 술을 마시고 배회하는 주당인 것을 알아보았던 것이다. 나는 머리를 손으로 쓰다듬으며 화장실로 들어섰고, 아주머니는 여자 화장실로 비켜 주었다.

그런데 여전히 구토가 나지 않았다. 오히려 밖에 서 있을 때에 더 울렁거렸는데, 화장실 안에 들어오니 울렁거림이 덜했다. 나는 억지로 입 안으로 손가락을 집어넣어 구토를 유도했다. 그렇게 속을 다 비우고 나자 비로소 몸이 후련해졌다. 나는 구토를 끝내고 입과 얼굴을 씻은 다음 편의점으로 갔다. 음료수와 껌을 사 들고 다시 아주머니에게로 왔다.

"아주머니, 아까는 미안했습니다. 참 깨끗한 화장실인데 구토를 해서 말이죠. 이것 좀 드십시오. 미안해서 드리는 겁니다."

그렇게 음료수를 건네고 나는 껌을 씹기 시작하였다. 입 냄새를 없애기 위해서였다.

"그나저나 아주머니, 여기 화장실은 유난히 깨끗한 것 같습니다. 제가 근무하는 사무실 빌딩보다 더 깨끗하네요."

이렇게 말하며 아주머니의 얼굴을 살펴보았다. 40대 중반인 것으로 보였다. 나보다 한 대여섯 살쯤 많아 보였다. 그런데 화장실 청소를 하며 어렵게 살 만한 사람으로 보이지는 않았다. 피부도 아주 고왔고, 얼굴에서는 귀티가 흘렀다.

"아주머니, 제가 아부하려고 그러는 것은 아닌데, 화장실 청소나 할 분으로는 보이지 않습니다."

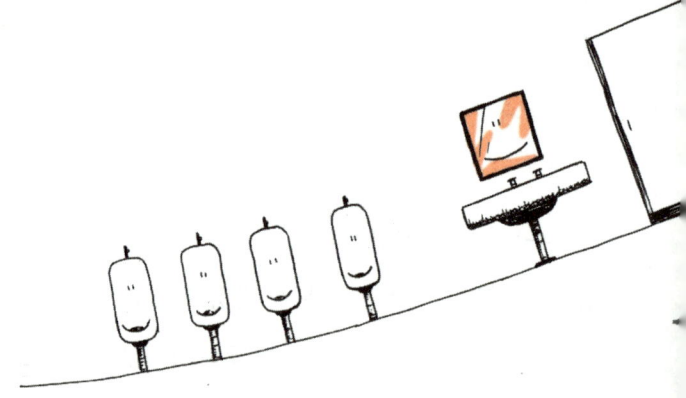

"그래요? 그렇게 봐 주니 고맙네요, 호호."

아주머니는 생기 있게 웃으며 음료수를 마저 마셨다. 그리고는 자신의 이야기를 시작하였다.

"저도 한때는 좋은 시절이 있었죠."

그렇게 말하며 잔잔한 미소 띠는 아주머니에게서 무언가 말로 표현하기 힘든 따뜻한 분위기 같은 것이 느껴졌다.

"제 남편은 중견기업 회장이었답니다. 그런데 잘 나갈 때 조심했어야 하는데, 사업이 잘되니 남편이 달라졌어요. 여자 문제도 좀 생기고, 무엇보다 교만해졌지요. 직원들을 무시하고, 고객들한테도 함부로 대하고. 그러다가 어느 날 갑자기 무너졌죠. 잘 나갈 때 더 조심하라는 말이 맞나 봐요."

소위 사업에 실패했다는 사람들의 전형적인 이야기를 아주머니가 하고 있었다. 나는 이미 그런 사례를 주위 사람들에게서 많이 보았다. 잘 나가다가 교만해져서 망한다는 아주 교과서적인 사례들. 그렇게 망했다면 얼굴에 어두움이 깔려 있을 텐데, 아주머니는 달라 보였다. 뭐랄까, 표정에 따뜻함과 희망이 서려 있는 것 같았다.

"그러셨습니까. 안되셨습니다. 그런데도 아주머니는 낙심하지 않으셨나 봅니다. 여전히 생기가 있어 보이시니 말입니다."

"제가 별 소리를 다 했나 보네요. 새벽에 사람을 만나서 그런가?"

"아닙니다. 사실 저도 요새 힘이 많이 듭니다. 아주머니를 통해서 제가 희망을 찾을 수 있을지도 모르겠습니다."

"그래요? 힘내세요. 우리 같은 사람도 사는데요, 뭐. 저는 지금 신길동 달동네에서 살아요. 그래도 이렇게 힘내서 살고 있잖아요. 비록 망하기는 했지만 두려울 것도, 부끄러울 것도 없어요. 자식 놈들도 집안 사정을 이해해 주고 잘 커서 다행이고 말이죠. 게다가 작은 분식집 하나를 열 만큼 목돈도 모았답니다."

아주머니는 이렇게 말하고는 행복에 겨운 듯이 미소를 지어 보였다. 나는 아주머니에게서 뭔가 희망의 끈 같은 것을 발견하였다.

'그래, 나는 아직 늦지 않았어. 망한 것은 아니잖아?'

또, 아주머니를 통해서 어쩌면 우리 전산실과 집안 문제를 해결할 수 있을지도 모른다는 생각도 들었다. 이렇게 화장실을 깨끗이 관리하고, 집안이 망했어도 희망을 잃지 않는 것을 보면 분명 무언가 비결이 있을 것이라는 생각이 들었다.

"저… 아주머니. 혹시 지금 바쁘십니까?"

"아니요. 청소는 다 끝났는데. 왜요?"

"아, 저기. 제가 아주머니의 비결을 알고 싶어서 말입니다. 화장실을 깨끗이 관리하는 비결이랄까. 또 아주머니가 그렇게 어려운 지경에서도 꿋꿋하게 잘 살아가시는 비결도 좀 알고 싶습니다."

"아직 아침도 안 먹었는데. 그리고 처음 만난 사람에게 신세타령을 해도 되겠어요?"

"아, 아침은 제가 사겠습니다. 저도 사실 어제 회사 동료들과 술을 마시고 밤을 샜거든요. 혹시, 해장국 좋아하세요? 그리고 좋은 말씀 좀 들려주십시오."

그렇게 나는 아주머니와 함께 해장국 집으로 갔다. 해장국 집에는 새벽기도회를 다녀오자마자 삶에 대해 불평하는 사람들이 있었던 반면에, 신에게 감사하는 사람도 있었다. 사람 사는 모습은 어디나 똑같아 보였다. 자전거를 타는 사람이나, 기도회에 다녀오는 사람이나, 떡볶이를 파는 할머니들이나, 버스 운전을 하는 사람들이나.

비슷한 상황 속에서도 불평하는 성격도 있고 감사하는 성격도 있는 것 같았다. 나는, 아주머니는 어떤 성격일까라는 궁금증이 일었다.

"우리 집이 망해서 달동네로 갔을 때에는 기가 막혔어요. 자살할까 하는 생각도 해 보았죠. 그렇지만 사람 목숨이 질기데요. 자살할 용기가 나지 않는 거예요. 살아야겠다는 생각이 많이 들었죠. 내 남편은 사업을 망친 뒤에 늘 술에 절어 살았어요. 아이들을 때리기도 했고요. 다행히 아이들이 크게 빗나가지 않아서 좋았어요. 아이들 때문에 살았다고나 할까요? 아이들을 잘 키워야겠다는 것이 내게 참 중요했어요."

아주머니는 그 동안 자신의 이야기를 털어놓을 데가 없었다는 듯이 살아온 이야기를 숨기지 않고 말해 주었다. 나는 해장국이 식어 가는 줄도 모르고 이야기에 귀를 기울였다. 그런 내 태도에 아주머니는 더욱 신이 난 듯했다. 아마도, 자신의 이야기에 이렇게까지 귀를 기울여 준 사람은 없었다는 듯이. 나는 아주머니의 말에 간간이 맞장구를 쳤다. 내가 귀를 기울여 듣고 있다는 것을 알게 해 주기 위해서였다.

"아주머니는 아이들에게서 살아야 할 의미를 찾은 것이군요?"

"그래요. 내 새끼들을 보니까… 어머, 미안해요. 나도 전엔 이런 말을 쓰지 않았는데, 살다 보니 말투도 바뀌네요. 그러니까 내 아이들을 잘 길러야겠다, 내 몸이 무너져도 아이들만은 잘 키우고 싶다는 생각이 자꾸 드는 거예요."

나는 아주머니의 이야기를 들으며 빅토르 프랑클Victor E. Frankl이라는 사람을 생각해 보았다. 그는 2차 세계 대전 당시에 독일군 포로수용소에 가두어져 있었다. 단지, 유대인이라는 이유만으로. 그러나 끔찍한 포로수용소에서도 그는 아내에 대한 사랑을 생각해 내었고, 아내를 만나야겠다는 희망을 갖게 되었다. 그리고 그것이 그에게는 살아야 할 이유가 되었다. 그것을 그는 '삶의 의미'라고 불렀다. 삶의 의미를 찾게 된 프랑클은 살아남기 위한 태도를 취하였고, 마침내 유대인 포로수용소에서도 살아남았다. 그리고 자신의 체험을 바탕으로 심리학의 새 분야를 개척하였다. 삶의 의미를 찾게 하는 심리 치료 방식. 그것을 그는 '로고테라피' Logo Therapy[의미요법]라고 불렀다. 나는 지금 아주머니에게서 빅토르 프랑클의 체험을 간접적으로 경험하고 있었다.

"아주머니가 살아야 할 이유를 찾으신 거군요?"

"예, 맞아요. 살아야 할 이유! 내 아들과 딸이 아니었다면 나는 진즉에 이 세상 사람이 아니었을 거예요."

"그래서 그 다음에는 어떻게 하셨습니까?"

"술에 찌든 남편을 보면서 하늘을 원망도 해 보았지만, 달라지는 것은 아무것도 없었어요. 우선 먹고 살아야겠다는 생각이 불현듯 들었지요. 당장 다음날 먹을 끼닛거리가 없었으니까요. 다행히 시청을 통해서 이렇게 일자리를 얻게 되었지요."

사람에게 있어서 살아야 할 이유가 있다는 것은 참으로 중요하다. 그래서 빅토르 프랑클은 낙심하여 고통스러워하는 사람들에게 삶의 의미를 찾도록 노력하지 않았던가? 마음을 치료하는 데에, 그리고 다시 힘을 얻는 데에 살아가야 할 이유는 중요한 것이다. 아주머니의 이야기를 들으면서, 내게 있어서 살아야 할 이유가 무엇인가를 생각해 보았다. 직장에서 살아남아야 하는 이유, 힘들어도 일을 해야 하는 이유, 어떻게든 성공해야 하는 이유들을 생각해 보았다. 별

어려움 없이 나는 내 삶의 의미를 찾을 수 있었다. 아내였다. 그리고 아이들이었다. 내게도 빅토르 프랑클이나 아주머니와 똑같은 이유가 있었던 것이다. 나는 아주머니의 이야기를 통해서 꼭 살아남아야겠다, 살아야만 한다는 의미를 찾을 수 있게 되었다.

'그래, 이번 구조조정에서 어떻게든 살아남아야 해.'

그렇게 나는 마음속으로 새삼 다짐하였고, 아주머니의 이야기는 계속되었다.

"어찌어찌해서 화장실 청소를 하게 되었는데, 처음에는 서럽더라고요. 한때는 사모님 소리를 들으면서 살았는데, 어느새 화장실 청소를 하는 신세가 되었나 하는 한탄도 했지요. 그리고 나를 더 서럽게 했던 것은 화장실이 너무 더러웠다는 것이에요."

그런데 내가 아침에 본 화장실은 구토를 하기가 미안할 정도로 너무도 깨끗한 곳이 아니었던가! 그렇다면 아주머니가 오고 나서 화장실이 그렇게 깨끗해졌다는 말인가? 나는 이런 저런 의문을 가지며 다시 아주머니의 말에 추임새를 주었다.

"아, 그럼 혹시 아주머니가 오시고 나서 그렇게 깨끗하게 된 겁니까?"

"맞아요. 내 자랑 같지만 어쨌든 내가 오고 나서 아주 깨끗한 화장실이 되었죠. 처음에는 아파트 사람들과 상가 사람들마저 이용하지 않으려고 하던 화장실이었는데, 지금은 주변에서 제일 깨끗하고 잘 꾸며진 화장실로 소문이 났어요. 덕분에 시市에서 주는 상도 받았고 말이죠. 그리고 더 중요한 건 뭔지 알아요?"

"뭔데요?"

"호호, 그건 천천히 이야기해 줄게요. 아마도 눈치 챘을 것도 같은데."

"글쎄요, 뭘 눈치 챘다는 것인지?"

"상가 건물이 유난히 깨끗해 보이지 않아요?"

"아, 그러고 보니 다른 상가 건물과는 다르게 아주 깨끗하더군요. 간판도 잘 정비되어 있고, 어디 흠잡을 데 없는 건물이었습니다. 그런데 거기에도 무슨 사연이 있나 보죠?"

"있다마다요. 어쩌면 저한테서 한 수 배워 갈지도 모르겠네요."

"그럼 빨리 좀 알려 주십시오."

내가 이렇게 말했지만, 아주머니는 식어 버린 해장국을 다시 먹으며 뜸을 들었다. 나는 국밥집 아주머니에게 부탁하여 해장국을 다시 데워 달라고 하였고, 모듬순대 한 접시도 새로 시켜 가져오게 하였다. 아주머니는 모듬순대를 보며 기분이 좋아진 듯했다. 아마도 아침을 거르고 일찍 나와서 청소를 한 것이 분명해 보였다. 신길동에 산다고 했으니 새벽 첫 차를 타고 온 듯 보였다. 아주머니는 모듬순대마저도 금방 비우더니 가게 한 편에 있는 자판기 커피에서 커피 한 잔을 뽑아 왔다.

"이건, 내가 사는 거예요. 해장국하고 순대 얻어먹은 값으로."

"잘 마시겠습니다. 사실 아주머니에게서 한 수 배울 수만 있다면 이 순대 값으로는 어림도 없겠죠. 좋은 이야기 들려 주시면 다시 한 턱 내겠습니다."

"그래요? 좋아요. 그럼, 어디서부터 다시 이야기를 시작해야 하나."

아주머니는 오랜만에 자기 이야기를 들어 주는 사람을 만나서 기분이 좋은 것 같았다.

"내가 처음에 여기 왔을 때 말이죠. 그 당시에 우리 집은 말도 아니었어요. 술 마시고 와서 행패 부리는 남편, 도서관에 간다고 하고서는 당구장으로 도는 아들놈, 그리고 달동네 사는 게 창피하다며 친구들 집을 옮겨 다니며 자는 딸년까지. 휴, 사는 게 사는 게 아니었죠. 게다가 내가 맡은 화장실은 더럽기만 하지, 정말 울고 싶더라고요."

　"예, 저 같아도 그런 상황이면 견디기 힘들었을 겁니다."

　이렇게 대답해 놓고 보니, 어쩌면 내 상황은 아주머니에 비해서 너무도 좋은 것 같았다. 아직 구조조정이 시작된 것도 아니고, 회사에서 잘린 것은 더더욱 아니지 않은가? 나는 그나마 다행이라 생각하며 아주머니의 얼굴을 쳐다보았다. 아주머니의 얼굴에서는 계속 미소가 떠나지 않고 있었다.

"그렇게 신세 한탄을 하면서 그저 남들이 볼 때만 슬쩍슬쩍 청소하는 척했지요. 그러니 화장실은 여전히 더러운 채로 남아 있을 수밖에요. 그러다가……."

나는 아주머니의 말이 중단될 듯하자 조바심이 나서 재촉했다.

"그러다가 어떻게 되셨습니까?"

"그러다가 어느 날인가, 재밌는 걸 발견했어요."

"그게 뭐였습니까?"

"참, 급하시네. 왜 그렇게 재촉해요?"

"아, 미안합니다. 뭔가 좋은 이야기가 나올 것 같아서 말입니다."

"호호, 급하게 생각하지 말고 천천히 들어 봐요. 여기 순대 남은 것도 조금 드시고."

이렇게 말하고는 아주머니는 순대 하나를 집어 내 그릇으로 넣어 주었다. 나는 그 순대를 본체만체하며 아주머니의 얼굴을 쳐다보았다. 빨리 이야기를 해 달라는 압력을 말없이 넣었다. 그러자 아주머니는 다시 예의 그 미소를 띠며 말을 시작하였다.

"그 해 여름, 화장실에는 온통 파리들이 들끓었어요. 나는 화장실 냄새가 역해서 청소하려다 말고 뛰쳐나왔죠. 그리고는 내 신세가 처량하고 서러워서 한참을 울었어요. 그러다가 문득 정신을 차리고 주위를 둘러보았죠. 혹시 내가 우는 모습을 관리자에게 들키지 않았을까 하는 마음에서요. 그런데 바로 화장실 옆 화단에 나비들이 떼를 지어 날고 있는 것을 본 거예요."

"그게 뭐 대숩니까? 으레 그런 것 아닌가요?"

"나도 예전에는 그런 것을 대수롭지 않게 보아 넘겼어요. 그런데 내 처지가 처지다 보니 그게 신기하게 보이데요."

아주머니의 말이 맞는 것 같았다. 사람들은 마음 쓰는 만큼 보는 법이다. 평소에는 전혀 보이지 않던 사건들이, 자기가 그 사건과 관계가 있는 경우에는 유난히 눈과 귀에 들어오는 법이다. 자동차를 사면 거리의 자동차들이 유난히 돋보여 보이는 것처럼. 아주머니는 아마도 화장실 청소를 하다 보니, 화장실과 화단이 유난히 대비되어 보였는지도 모른다. 어쨌든 아주머니는 그곳에서 뭔가를 깨달은 것이 틀림이 없었다. 중요한 것은 바로 그 깨달음이다. 아직 나는 깨닫지 못하고 있는 그 무엇. 나는 그것을 가르쳐 주시기를 요청했다.

"그래, 무엇을 알아내셨습니까?"

"알아냈죠. 똥은 파리를 부르고, 꽃은 나비를 부른다는 것을."

"하하하, 난 또 뭐 특별한 말씀이라고. 그건 원래 그런 거잖아요."

"원래 그런데 거기서 난 뭔가 알아냈다니까요?"

"그게 뭡니까?"

"나비가 꽃을 부르는 게 아니고, 파리가 똥을 부르는 게 아니에요."

"무슨 말씀이신지……."

나는 갑자기 아주머니가 선문답을 하기 시작했다는 느낌을 받았다.

'나비가 꽃을 부르는 게 아니라고? 그리고 파리가 똥을 부르는 게 아니라고? 그게 무슨 뜻이지?'

이렇게 속으로 화두를 풀어나가고 있을 때, 아주머니는 부처 같은 미소를 지으며 이 미련한 중생에게 가르침을 베풀었다.

"정답은 이거예요. 나비를 앉게 하려면 꽃이 되고, 파리를 꼬이게 하려면 똥이 되라는 것."

이렇게 말하고는 아주머니는 내 얼굴을 힐끔 쳐다보더니 다시 말을 이었다.

"어릴 때부터 어르신들에게 많이 들어 왔던 말이지만, 새삼 그 의미를 깨달은 거지요. 꽃에는 나비가 모이고, 똥에는 파리가 꼬인다는 말은 많이 들어 봤지요?"

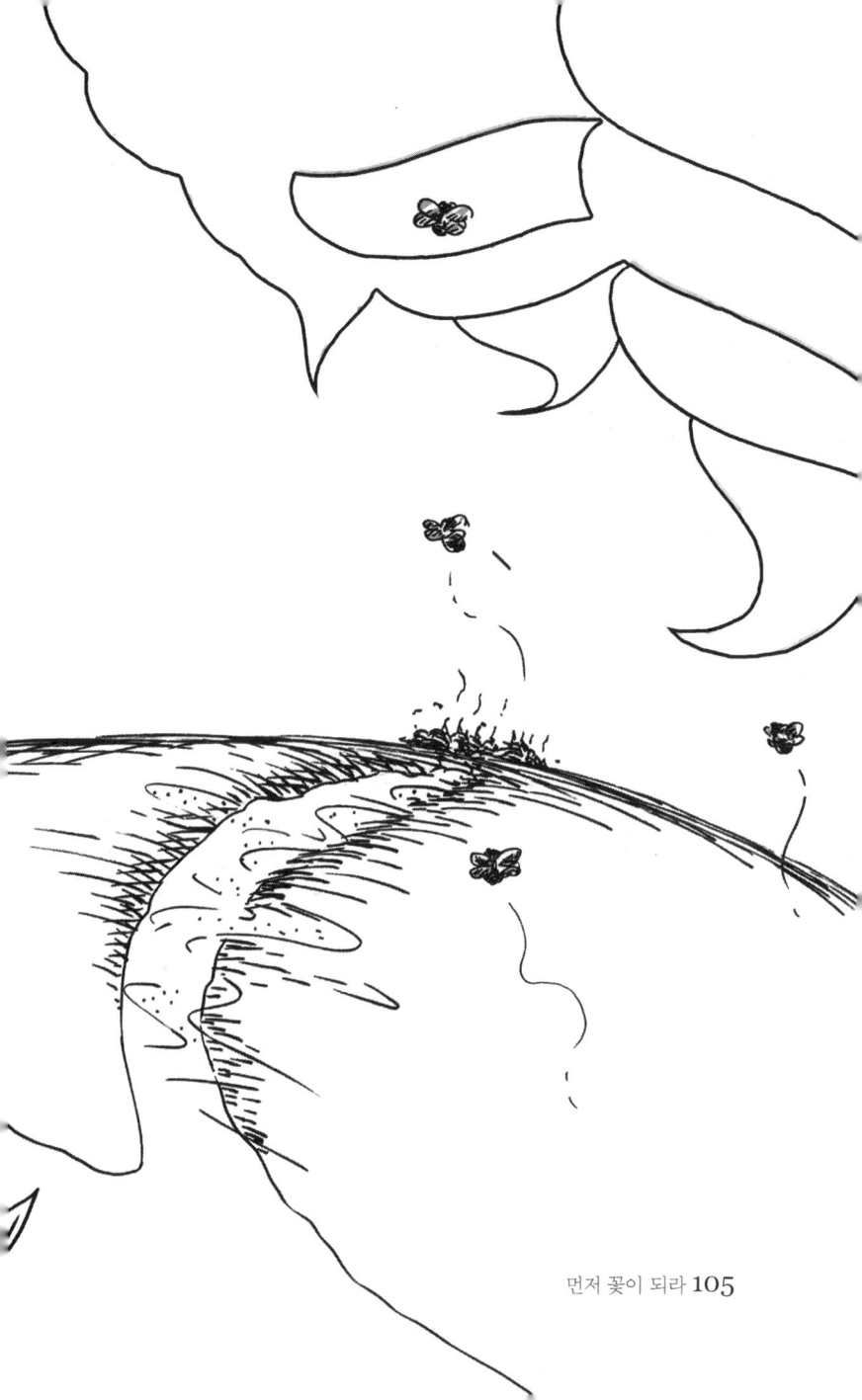

"네, 많이 듣기는 했습니다만……."

아주머니가 이렇게 가르침을 베풀었지만 미련한 중생은 여전히 깨닫지 못하고 있었다. 다시 한 번 가르침을 베풀어 주시기를 간청하는 수밖에 없었다.

"저는 잘 이해가 안 됩니다. 조금 더 쉽게 설명해 주시면 좋을 텐데……."

나는 이렇게 말끝을 흐렸고, 아주머니는 식은 커피 잔을 내려놓고는 상가로 가 보자고 하였다. 나와 아주머니는 상가로 왔다.

"이 화장실이 지금은 깨끗하죠? 그런데 처음에는 지저분했어요. 화장실이 지저분하니까 사람들도 화장실을 지저분하게 쓰데요. 마치 똥 위에 파리가 앉는 것처럼. 지저분한 화장실 이곳저곳에 사람들이 휴지를 아무렇게나 버렸어요. 그러니 그 똥 냄새를 맡고 파리들도 들끓었죠."

이렇게 말하고는 똥이 파리를 부른다는 의미를 알았냐는 듯이 아주머니가 내 얼굴을 쳐다보았다. 나는 말없이 그 의미를 알았다는 눈빛을 보내었다. 그러자 아주머니의 또 다른 설명이 시작되었다.

"그런데 내가 그날 깨달은 이후로 화장실을 아주 깨끗하게 관리하니까 사람들도 함부로 행동하지 않데요. 화장지도 함부로 버리지 않고, 바닥에 침도 잘 뱉지 않고 말이죠. 마치 꽃이 나비를 부르듯이, 깨끗한 화장실이 교양 있는 사람들만 부르는 것 같았어요. 그렇게 화장실이 깨끗해지자 파리도 없어지고, 가끔 나비가 날아와 앉기까지 했죠."

나는 전철역 화장실을 기억한다. 월드컵이 열리기 전, 전철역들의 화장실은 너무 더러웠다. 널려진 화장지, 입에 담기 어려운 말들을 쓴 낙서들. 그러다가 월드컵을 계기로 화장실 정비가 시작되어 깨끗해지자 사람들의 행동거지도 달라졌다. 아주머니는 바로 그런 현상을 이야기하는 것 같았다.

뉴욕시의 경우에도 화장실을 비롯한 지하철 구내 낙서를 줄이자 범죄가 줄어들었다고 한다. 똥을 치우니 파리가 없어지고, 꽃을 가져다 놓으니 나비가 날아드는 형국이었다.

똥이 파리를 부르는 것처럼 지저분한 화장실과 지하철의

낙서가 범죄자를 불러들인다거나, 사람들의 마음을 해이하게 하여 범죄의 유혹에 빠지게 하는 것은 사소한 결점이 전체의 붕괴를 가져오는 현상 중의 하나이다. 그런 현상을 심리학자들은 '깨진 유리창 법칙'이라고 부른다. 그렇다면 거꾸로 나비가 꽃을 부르는 것처럼 깨끗한 화장실과 잘 정비된 지하철이 사람들을 교양 있게 행동하게 하는 현상을 무엇이라고 불러야 할까? 나는 아주머니의 말 한마디에서 학자들 못지않은 지혜를 얻고 있었다.

'흠, 똥이 파리를 부르고 꽃이 나비를 부른다 이거지?'

나는 새삼스럽게 아주머니의 말을 되새겨 보았다. 무언가 그 말에서 지혜가 더 샘솟을 것만 같았다. 아니나 다를까, 아주머니는 더 깊은 슬기를 알려 주었다.

"그래서 말이에요."

내가 깊은 생각에 잠겨 있는데 아주머니가 나를 깨우듯이 말을 이었다.

"나중에, 저도 거기서 뭔가를 하나 알아내었어요."

"그게 뭡니까?"

"그건 내 자신이 꽃이 되어야 한다는 거였어요."

"아주머니가 스스로 꽃이 된다는 말씀입니까?"

"그래요. 화장실만 꽃이 되라는 법이 있어요? 사람도 자기 마음 밭에 있는 똥을 치우고 꽃을 심으면 나비가 날아드는 법이 아니겠어요?"

"아, 그렇군요. 그래서 아주머니는 어떻게 하셨습니까?"

"어떻게 했는지는 차차 이야기해 줄게요. 결론부터 말하면 내가 꽃이 되니까 우리 집이 낙원이 되데요. 그리고 나비들이 날아왔어요."

"나비라고 하는 것이 무엇입니까?"

"그러니까 행복 같은 거 말이에요. 그리고 좋은 분위기도 나비라고 할 수 있겠죠? 아, 맞다. 남편이 달라진 것도 하나의 나비라고 할 수 있겠네요."

"아주머니가 꽃이 되니까 나비가 왔다 이 말입니까? 그럼, 아주머니는 처음에 똥이었다는 말입니까?"

나는 나름대로 논리적인 질문이라고 생각하고 말을 꺼냈

다가 곧 후회했다. 아주머니를 똥으로 보다니. 나는 겸연쩍은 얼굴로 아주머니의 얼굴을 쳐다보았다. 아주머니도 약간 놀라는 듯하더니, 이내 표정을 고쳐 웃으며 대답했다.

"호호호, 그 말이 맞네요. 맞아요, 저는 똥이었어요. 남편 사업이 부도나고 나서 저도 똥이 되었었지요. 매일 빚쟁이들이 찾아오지, 남편은 술주정이나 부리지, 아이들은 공부를 팽개치고 밖으로만 돌지. 똥이 되지 않고는 견딜 수 없는 상황이었어요."

여기까지 이야기하고는 아주머니는 화장실 밖으로 나를 데리고 나갔다. 그리고 화장실 옆 벤치에 앉아 다시 이야기를 시작하였다.

"그래서 저도 짜증도 많이 내고, 성격도 거칠어지고, 심지어 욕도 하게 되었어요. 말 그대로 똥이 된 것이죠. 그런데 그렇게 똥이 되다 보니, 내 주위로 파리들이 날아오는 거예요. 집안 분위기는 더 험악해지고, 하루가 멀다 하고 남편과 싸우게 되고, 아이들은 더욱더 비뚤어지기 시작한 거예요. 그러다가 화장실을 청소하는 중에 깨달았지요. 내가 먼저 꽃이 되지 않으면 안 되겠다는 것 말이에요."

나는 아주머니가 보통은 넘는다는 생각이 들었다. 나 같은 보통 사람이라면 그런 상황에서 꽃이 될 생각을 할 수 있었을까? 아주머니는 어떤 데서 힘을 얻어 꽃이 되기로 결심을 했을까? 나는 그것이 궁금해졌다. 그래서 잠시 아주머니가 말을 멈춘 틈을 타서 질문해 보았다.

"그러면, 아주머니. 그렇게 꽃이 되려고 마음먹기가 쉬우셨습니까? 사실 저 같으면 그런 상황에서 그런 마음을 가지기도 힘들 것 같은데 말입니다."

"그래요. 사실 나도 처음에는 힘들었지요. 그렇지만 사랑하는 가족이 있으니까요. 가족이 내가 살아야 할 이유니까요. 내가 똥이 되면 가족들이 똥과 함께 사는 거고, 내가 꽃이 되면 가족들이 꽃과 함께 사는 거지요?"

나는 다시금 빅토르 프랑클의 주장이 생각났다. 삶의 의미를 찾아야 한다는 그 말. 빅토르 프랑클은 그의 사랑하는 아내에게서 삶의 의미를 찾았고, 아주머니는 가족에게서 살아야 할 이유와, 변화에 필요한 힘을 얻었던 것이다.

112 태도

지금 내게도 변화가 필요하다. 그 변화를 일으키는 힘은 무엇일까? 삶의 의미였다. 그렇다면 내 삶의 의미는 무엇인가라고 자문해 보았다. 내게도 삶의 의미는 가족이었다. 새삼 가족이 내게 얼마나 소중한지 느껴졌다. 나를 살아 있게 만드는 힘, 나를 변화하게 만드는 힘이 내 가족에게 있었던 것이다. 그런데 나는 지금 어떻게 하고 있는가? 내게 살아갈 힘을 주는 아내와 다투고 있지 않은가?

나는 불현듯 아내에게 전화를 하고 싶어졌다. 출근 전에 전화할 시간이 있는지를 보기 위해 시계를 쳐다보았다. 어느새 출근 시간이 가까워져 오고 있었다. 여기서 회사까지는 걸어서 10분도 채 되지 않는 거리. 아직 한 시간 정도의 여유는 있었다. 하지만 출근해야 한다는 생각에 어느새 내 가슴은 답답해졌다.

"휴, 아주머니. 저 또 출근해야 할 시간입니다. 오늘 말씀 감사했습니다. 그나저나 회사로 출근하려니 가슴이 답답해 오네요. 이렇게 꽃들과 함께 있어 참 좋았는데 말입니다."

나는 우스갯소리로 이렇게 말하였다. 깨끗한 화장실과

좋은 태도를 지닌 아주머니를 꽃으로 비유하며 우스갯소리를 한 것이었다. 그런데 아주머니는 정색을 하며 이렇게 말하였다.

"글쎄, 너무 한숨 쉬지 말아요. 비가 와도 걱정, 안 와도 걱정인 사람처럼 사는 건 안 좋아요. 비가 와서 감사, 비가 안 와서 감사하면 더 좋지 않겠어요?"

아주머니는 우산 장수 아들과 짚신 장수 아들을 둔 할머니의 이야기를 빗대어서 내게 너무 걱정하며 살지 말 것을 주문했다. 이야기 속에 나온 할머니는 비가 오면 짚신을 파는 아들의 장사가 안 될까 봐 걱정했고, 날이 맑으면 우산을 파는 장수 아들의 장사가 안 될까 봐 걱정했다고 한다. 그러다가 어느 날 할머니 곁을 지나는 사람이 한 가지 가르침을 주었다. "할머니 그러지 마시고, 비가 오는 날에는 우산을 파는 아들의 장사가 잘되니 기뻐하시고, 비가 오지 않는 날에는 짚신을 파는 아들의 장사가 잘되니 감사하시면 되지 않겠습니까?"라고. 하지만 그것은 이야기에 불과했다. 나 같은 보통 사람들이 그런 태도를 갖추기가 쉽지 않다.

"아주머니 말씀이 옳기는 합니다. 똑같은 상황에서 불만을 가지느냐, 감사하느냐는 자기가 결정할 수 있는 문제이기는 해요. 하지만 그게 말처럼 쉽겠습니까?"

나는 자전거를 타던 사람들, 버스 기사들, 그리고 떡볶이 할머니들의 이야기를 통해서 느낀 점을 아주머니께 이야기하였다. 내 이야기를 듣던 아주머니는 상기된 듯이 다시 말을 이었다.

"말처럼 쉽지는 않아요. 내가 겪어 봐서 잘 알아요. 하지만 바른 태도를 선택하지 않으면 결국 고통받는 것은 자신이고, 자신이 사랑하는 사람들인 걸요. 불만족스러워하는 태도가 똥이라면, 감사하는 태도는 꽃이에요. 다시 말해서 감사하는 태도를 가진 사람은 꽃처럼 향기를 내지요. 그래서 그 사람도 행복하고, 주위 사람도 행복해져요."

나는 갑자기 이 대목에서 아주머니의 말이 잔소리처럼 여겨졌다. 나는 재빨리 시계를 다시 쳐다보며 급하다는 듯이 일어섰다.

"아주머니, 죄송합니다. 제가 회사에 늦을 것 같아서 말입니다. 좋은 말씀은 다음에 또 한 번 들려주십시오."

그리고는 도망치듯 회사로 향하였다. 그러면서 속으로
이렇게 생각하였다.

'말은 쉽지!'

나는 아내에게 전화를 걸기로 마음먹었다는 것조차도 잊어버린 채 회사를 향해 종종걸음을 걸었다. 비단이 섞인 양복에, 고급 브랜드 셔츠와 구두를 신고, 한눈에 보아도 꽤 비싸 보이는 넥타이를 맨 채로 회사를 향해 걸음을 재촉하는 수많은 샐러리맨들. 나도 그 분위기에 휩싸여 회사로 빨리 가야만 할 것 같았기 때문이다.

그러나 회사의 일상은 늘 언제나처럼 똑같이 시작되었다. 모두들 삼삼오오 모여서 커피 한 잔을 나누며 담소를 시작하였다. 오전 회의가 시작되고, 회의가 끝나자 저마다 이리저리 연락하기 바빴다. 그렇게 연락이 끝나 갈 무렵에 다시 한 번 커피를 마시거나 담배를 피우는 사람들로 휴게실이 붐볐다. 그렇게 오전 시간이 지나고, 점심과 오후 업무 처리 시간이 지나갔다.

오후 시간이 되면서 소위 힘깨나 쓴다 하는 사람들이 자리를 비우기 시작하였다. 어디로 가는지 행선지도 불분명한 경우도 많지만, 대개 이런 경우 사우나에 있을 가능성이 높았다. 한편, 힘없는 말단 사원들은 이제나 저제나 퇴근 시간이 돌아오기만을 기다렸다.

그렇게 퇴근 시간이 다 되어 갈 무렵이었다. 기획팀장이 기획실장을 대동하고 나타났다. 이미 구조조정본부 소속으로 개편되면서 강력한 힘을 지니게 된 기획실. 강 본부장을 업고 힘을 휘두르게 되어서 그런지 기획실장과 기획팀장의 어깨에는 왠지 모르게 힘이 들어가 있었다. 반면에 전산실 직원들은 모두 위축되어 있었다.

"여기 전산실장 어디 갔나?"

기획실장이 다짜고짜 내게 다가와 물었다.

"글쎄요. 아마 화장실에 간 모양입니다."

"그래? 지난번에 이야기한 의사결정 지원시스템에 대한 기획 건은 다 마무리되었나? 그리고 그룹 통합 CRM, 왜 고객관계관리를 그룹 전체로 통합하기로 한 것에 대한 기획 건도 그렇고 말이야."

"글쎄요. 그게."

"'글쎄요'라니. 당장 회장님이 궁금해하시는데, 지금까지 마무리하지 않으면 어떡하자는 말이야? 당장 전산실장이든, 전산기획팀장이든 데려와요. 본부장님이 보자고 한다고."

"잠시만 기다려 주십시오. 제가 알아보겠습니다."

나는 얼른 전산기획팀장을 찾았다. 그러나 전산기획팀장도 자리에 없었다. 전산기획팀원들에게 물었지만, 서로가 대답을 회피할 뿐만 아니라 프로젝트 진행 상황을 제대로 알고 있는 사람도 없었다. 나는 기획실장에게 돌아와 다시 보고했다.

"저, 아무래도 담당 팀장이 프로젝트 진행 상황을 관리하는데, 지금 잠시 자리를 비운 모양입니다. 제가 찾아서 바로 연락 드리겠습니다."

"이러니 전산실이 구조조정 1순위에 올라간 것이지. 안 그런가? 도대체 뭐 하나 제대로 되는 게 없어. 이렇게 근무 태도가 불량해서야, 원. 그리고 기획실에 기획팀이 존재하는데, 쓸데없이 전산기획팀이라는 것을 만들어 놓고 말이야. 그러고 나서 하는 일이 뭔가? 오히려 일만 더 번거롭게 하지 않았냐 말이야?"

기획실장은 마구 역정을 내었다. 그러나 나도 할 말은 없었다. 군대 용어로 '통신선상'에라도 위치해 있어야 했다. 언제든 연락이 가능하도록 해 주어야 했다. 그러나 전산실장이나 전산기획팀장이나 누구도 연락이 닿지 않았다. 분명히 사우나에 가 있는 것이 분명해 보였다. 이미 스스로들 포기한 것인가?

"구조조정의 피바람이 불고 있는데도 사우나에 가다니. 배짱 한번 두둑하군."

나는 기획실장이 듣기 힘든 작은 소리로 이렇게 전산실

장에 대해 험담을 하였다. 그렇게 말을 내뱉으면서 또, 어쩌면 이럴 것이라는 것을 알고 기획실장이 찾아온 것인지도 모른다는 생각도 들었다.

사실 기획실 분위기 또한 전산실과 크게 다를 바가 없었다. 아니, 거의 모든 부서들이 그런 분위기였다. 오후 시간에 사우나를 가거나, 개인적인 일을 보는 것들. 그럼에도 불구하고 기획실장이 역정을 내는 것은 이런 일들을 빌미로 흠 잡으려고 하는 것이 분명해 보였다. 그렇다고 지금 내가 어찌 해 볼 도리는 없었다.

기획실장은 한참 동안을 씩씩거리더니, 기획팀장에게 무언가를 지시하고는 돌아갔다. 기획팀장은 전산실장이 언제 오는지 보겠다는 듯이 전산실을 감시하듯 서 있었다. 나는 그런 기획팀장이 얄미웠지만, 오히려 엉뚱한 팀원들에게 화를 냈다.

"도대체, 우리 실 분위기가 왜 이 모양이야? 어?"

그러나 묵묵부답. 사실 나도 가끔은 사우나를 즐기지 않았던가. 내가 이렇게 소리치는 사이에 기획팀장은 야릇한 미소를 날리며 나를 쳐다보았다. 팔짱을 끼고 전산실장의 책상 위에 걸터앉은 채로.

퇴근 시간이 다 되어서야 전산실장과 전산기획팀장이 들어왔다. 예상대로 얼굴에는 윤기가 흐르고 있었다. 사우나에 다녀왔다는 것을 들키지 않기 위해 스킨 크림이나 밀크 크림을 바르지는 않았지만, 비누와 샴푸 냄새가 은근히 배어 나왔다. 나는 전산실장을 원망스런 눈빛으로 쳐다보며 보고하였다.

"공 실장님, 기획실장님이 다녀가셨습니다."

"그래? 왜?"

"의사결정 지원시스템과 통합 CRM 구축 기획이 마무리되었는지 묻고 갔습니다. 그리고 강 본부장님이 보자고 한다고 하였습니다."

"그래? 그런 일이라면 전산기획팀장 소관이 아닌가? 김

팀장은 어디 있었어?"

전산기획팀장은 눈치를 보며 말꼬리를 흘렸다.

"저, 그게."

나는 화가 나서 입사 동기인 김 팀장을 향하여 버럭 소리를 질렀다.

"이봐 김 팀장. 최소한 연락이라도 될 수 있게 해 주어야 할 거 아니야? 이번에 우리 찍힌 거야. 나중에 구조조정 당하면 책임질 거야?"

기획팀장은 이런 상황을 즐거운 듯이 바라보고 있었다. 나는 기획팀장 보기가 부끄러워졌다. 나는 재빨리 옷을 챙겨서 뛰쳐나와 버렸다. 무슨 영문인지를 더 자세히 묻기 위해서인지 김 팀장이 계속 전화를 걸어 왔지만, 나는 모두 무시해 버렸다.

그날 회사에서는 난리가 났다고 한다. 공 실장과 김 팀장은 강 본부장으로부터 심한 질책을 받은 모양이었다. 기획팀장이 야비하게 전산실 상황을 보고한 게 분명해 보였다.

나는 화가 나서 무작정 걸었다. 온통 화나는 일뿐이다. 아내와 있었던 문제, 회사 문제, 그리고 오늘 있었던 문제까지. 비극은 겹쳐서 다가온다고 했던가. 근무 시간에 사우나를 즐기는 일이, 늘 있어 왔던 일인데 하필 오늘 같은 날, 공실장과 팀장이 모두 자리를 비운 날 그것을 들킬 것은 또 뭐란 말인가. 만약 내가 자리를 비웠다면 어떻게 되었을까?

나는 오늘 일이 가져올 파장을 생각해 보았다. 본부장은 오늘 일을 보란 듯이 회장에게 알릴 것이다. 그러면서 구조조정에 더 힘을 쏟아야 한다고 역설할 것이다.

"나는 오늘 똥을 밟은 거야. 그래, 아주머니 말대로 내 주위에는 똥이 가득해."

나는 이렇게 전산실 직원들을 똥으로 치부하고 싶었다. 그러나 내 양심은 나 자신도 똥일 수 있다는 것을 알려 주고 있었다.

똥이 되어 버린 우리 전산실. 당연히 똥은 가장 먼저 치워지게 마련이었다. 나 또한 그 똥들 중에 하나이니 나도 치워질 것이 분명했다. 어쩌면 6개월이라는 유보 기간도 없이 당장 내일이라도 전산실을 구조조정하겠다고 발표할지도

모르는 일이었다.

"이 문제를 어떻게 해결해야 하지?"

나는 저절로 한숨이 나왔다. 어쩌면 이것은 내 문제가 아닌지도 모른다고 위로도 해 보았다. 그저, 공 실장과 김 팀장의 문제일 뿐이라고 생각도 해 보았다. 그러나 그게 아니었다. 이것은 전산실의 문제였다. 분명 전산실 전체의 분위기가 해이해져 있다고 몰아 갈 것이 분명했기 때문이다. 나는 연신 한숨을 쉬며 걸었다.

어느새 나는 청소부 아주머니가 있는 화장실 근처에 와 있었다.

"어? 또 왔어요?"

"아, 네. 어쩌다 보니 이 길로 지나가게 되었습니다."

"그래요? 그럼, 다음에 또 봐요."

"저… 아주머니."

나는 이렇게 청소부 아주머니를 불러 놓고 다음 말을 잇지 못했다. 내게 무슨 일이 있는 것 아니냐는 걱정스러운 태도로 바라보는 아주머니의 시선마저 부담스러워졌다.

"혹시 무슨 일 있어요?"

"아무 일 없습니다. 그저 파리를 부르는 똥을 오늘 많이 보았을 뿐입니다."

"호호, 그게 무슨 말이에요?"

"아주머니 혹시… 시간 있으십니까?"

"이제 곧 퇴근 시간인데요? 하루에 두 번 출근하고 두 번 퇴근해요. 지금은 오후 퇴근 시간이에요."

"저, 좀 여쭐 게 있어서 그럽니다. 오늘 저녁도 제가 사겠습니다."

"호호, 젊은 총각하고 데이트라."

"총각이라뇨. 저도 엄연한 애 아빠입니다. 아무튼 시간 좀 내주십시오."

"좋아요. 마침 내일이 비번이기도 하니."

이렇게 말하고는 아주머니는 집으로 전화를 걸어 이런

저런 이야기를 하였다.

"응, 그래. 엄마가 오늘 좀 늦으니까, 아빠 상 좀 봐 드리고. 동생 오면 숙제하게 하는 것 잊지 말고."

그리고는 아주머니는 다시 남편에게 문자를 보내는 것 같았다. 곧이어 답신이 왔다.

"요새 우리 집은 너무 행복해서 빨리 들어가고 싶은데. 남편이 될 수 있으면 빨리 들어오라네."

이렇게 말하는 아주머니의 눈가에는 행복이 가득 서려 있었다. 아주머니는 진정으로 나비를 불러들인 꽃 같았다. 아마도 아주머니의 변화를 따라서 남편도 다시 안정된 모양이었다.

"아주머니, 저도 그렇게 행복을 느끼고 싶습니다. 요새 회사일이고 집안일이고 너무 힘듭니다. 어떻게 하면 좋을까요?"

나는 저녁 식사 자리에서 오늘 있었던 일들과, 아내와 다툰 일, 그리고 구조조정 문제까지 숨기지 않고 다 털어놓았다. 아주머니는 그런 내 이야기를 진지하게 들어주었다.

"그런 일이 있었군요. 그래서 어제 그렇게 밤새워 술을 마신 거예요?"

"예, 요새 같아서는 정말 죽을 맛입니다."

"그런 말은 하지 말아요. 말이 씨가 되는 법이에요. 좋은 말만 하면 좋은 일을 보게 될 거예요."

"글쎄, 저도 그러고 싶습니다. 어떤 상황이 와도 감사하고, 아주머니처럼 폭풍우 속에서도 꽃으로 피어나고 싶습니다. 하지만 그게 잘 안 됩니다. 인간은 감정의 동물 아닙니까?"

"꽃이 하루아침에 피나요? 나도 처음에는 힘들었어요. 하지만 결국 꽃을 피워 냈잖아요. 내가 한 가지 요령을 알려 줄까요?"

"그게 뭡니까? 정말, 제 문제를 해결하는 데에 도움이 된다면 무엇이든 해 보고 싶습니다."

시
간 매일 조금씩 꾸준히 달려라

아주머니는 나를 도로 화장실로 데려갔다. 화장실은 아침과 마찬가지로 아주 깨끗했다. 아무렇게나 버려진 휴지 하나 없었고, 오히려 향수 냄새가 은근히 코를 자극하였다. 잔잔한 음악도 흘러나왔다.

"어제도 그렇고 오늘 아침에도 놀랐지만, 새삼 다시 봐도 깨끗하네요."

내가 이렇게 감탄하자 아주머니는 싱긋 웃으며 무언가를 가져왔다.

"이것 좀 봐요."

"이게 뭡니까?"

"화장실 점검표예요."

"아, 네."

O 양호, **△** 보통, **X** 불량

항 목	점검 사항	월	화	수	목	금	토
대변기 및 주 변	배수가 잘 되는가?	O	X	↑	O	O	O
	파손되지 않았는가?	O	X	↻	O	△	O
	누수되지 않는가?	O	X	ㄹ	O	O	O
	이물질은 없는가?	O	△	↓	△	△	O
소변기 및 주 변							

"이 점검표가 무얼 의미하는지 알겠어요?"

사실, 화장실 점검표는 백화점 화장실이나 고속도로 휴게소에 있는 화장실에서 간혹 보았었다. 그런데 이게 무엇을 의미한다는 말인가? 나는 점검표를 눈여겨보았지만, 아무것도 알 수 없었다.

"저는 그다지 특별한 의미를 모르겠습니다만……."

"호호, 그럴 거예요."

"그나저나 이 점검표는 흔히 볼 수 있는 것이 아닙니까? 백화점 화장실이나, 고속도로 휴게소에 있는 화장실에서 흔히 봐 왔던 것인데 말입니다."

"맞아요. 하지만 이 점검표가 여기 있기 때문에 의미가 있는 거예요."

"여기 있기 때문에 의미가 있다는 말씀입니까?"

나는 아주머니의 말을 확인하듯 다시 물어 보았다.

"예, 그래요. 백화점 화장실은 굳이 이 점검표를 두지 않아도 깨끗하게 유지될 수밖에 없어요. 그렇게 될 수밖에 없는 환경이니까요. 하지만 이곳 상가는 달라요. 백화점과는 달리 언제든 더러워질 수밖에 없는 환경이에요."

나는 여전히 아주머니의 말을 이해하기 힘들었다.

"점검표가 상가에 있기 때문에 더욱 의미가 있다니요? 저는 아직도 이해가 안 됩니다."

"그럼, 이렇게 생각해 보면 어때요? 건강한 사람을 고쳐야 할까요, 아니면 병든 사람을 고쳐야 할까요?"

"그야 병든 사람을 고쳐야지요."

"병든 사람을 고치는 데에는 기술이 필요하죠? 여기 상가 화장실은 병든 사람이고, 이 점검표는 화장실을 고치기 위한 기술이라고 할 수 있어요."

"네?"

"그러니까 내가 처음에 이곳에 와서는 그저 더러워지면 그때그때 청소하려고 했어요. 하지만 끊임없이 더러워지기만 하는 화장실을 보면서 저도 지쳐 가데요. 하루에도 수십 번을 걸레질을 해야 했으니까요. 그러다가 우연히 백화점에서 보았던 점검표가 생각났던 거예요. 그리고 나도 점검표를 만들고 하루에 세 번씩 점검하면서 청소를 했지요. 그

러다 보니 어느새 화장실이 변해 갔어요."

"그러니까 이 점검표를 활용하는 것이 일종의 기술이란 말씀입니까? 그리고 이 점검표가 이 상가 화장실을 깨끗하게 만든 일등 공신이란 말씀이죠?"

"그래요. 이제야 이해하네요. 사실 백화점에서는 점검표가 일등 공신이 아닐 거예요. 하지만 최소한 이곳 상가에서는 점검표가 더 큰 일을 했다고 봐요."

그때서야 나는 화장실 점검표를 왜 아주머니가 자랑스러워하는지 알 수 있었다. 하지만 그 점검표가 내 문제랑 무슨 상관이 있다는 말인가? 나는 아주머니에게 단도직입적으로 물어 보았다.

"아주머니, 하지만 이 점검표와 제 인생의 문제가 무슨 관련이 있습니까? 제가 꽃이 될 수 있도록 도와주신다고 하지 않으셨습니까?"

"예, 그랬죠. 바로 이 점검표가 꽃이 되기 위한 기술이라니까요?"

아주머니는 이렇게 말하고는 화장실 청소 비품함 문을

열어 보였다. 문 안쪽에는 또 다른 점검표가 있었다. 그런
데 그 점검표는 화장실 점검표와 달라 보였다.

자기 태도 점검표

구 분	월	화	수	목	금	토	일	주간 총평
항상 기뻐한다.	O	X	O					
쉬지 않고 기도한다.	△	△	O					
범사에 감사한다.	X	O	X					

내가 먼저 꽃이 되자.

"어? 이것은?"

"그래요. 이것은 바로 나의 태도에 대한 점검표예요."

"아주머니의 태도 점검표요?"

"그래요. 점검표에 있는 내용들로 화장실을 점검하면서 깨끗하게 관리할 수 있었어요. 그래서 화장실은 꽃이 되었지요. 그렇다면 똥처럼 더러워졌던 내 마음도 점검표를 가지고 관리하면 꽃이 될 수 있겠다고 생각했지요."

그렇게 말하고는 아주머니의 태도 점검표를 나에게 건네주었다. 비닐로 코팅된 아주머니의 태도 점검표에는 3가지 사항이 기록되어 있었다. "항상 기뻐한다", "쉬지 않고 기도한다", "범사凡事에 감사한다"가 그것이었다.

아주머니는 크리스천인 모양이었다. 비록 나는 크리스천은 아니었지만, 기독교 계통의 중고등학교를 다닌 관계로 그 문구들의 의미를 배운 적이 있었다. 지금 기억하는 바로는 이런 구절이 《성서》에 있었던 것 같다.

"아주머니, 이건 《성서》에 나오는 문구 아닙니까? '항상 기뻐하라, 쉬지 말고 기도하라, 범사에 감사하라. 이는 그리스도 예수 안에서 너희를 향하신 하나님의 뜻이니라'라는 말씀 말이죠."

"어머,《성서》를 읽어 보았어요? 혹시 교회 다녀요?"

"아니요. 크리스천은 아니고, 채플 시간에 배웠습니다. 기독교 재단에서 설립한 학교를 다녔습니다. 특히, 그 문구는 귀에 박히도록 외워야 했습니다."

"그랬군요. 그런데 내가 기독교인이든 아니든 그런 것은 중요하지 않아요."

"그럼, 뭐가 중요하죠?"

"바른 태도가 무엇인가가 중요하죠."

"네?"

"비록 기독교인이라고 할지라도 바른 태도를 보이지 않는 사람은 알맹이가 없고 껍질만 있는 쭉정이인 거예요. 믿음은 있지만 행동이 없는 사람이 쭉정이죠. 제가 그랬어요. 항상 바른 것이 무엇인가를 배웠으면서도 막상 그렇게 살지 못했어요. 남편이 하던 사업이 망하자 늘 짜증내고, 불평하고, 불안해했으니까요."

아주머니는 자신이 그렇게 나쁜 마음 상태를 가지고 있었다고 이야기하며, 바로 그것이 '똥'이라고 하였다. 나쁜 마음 상태. 짜증내고, 불평하고, 불만족하고, 시기하고, 질투하는 것. 이것들이 자기의 마음을 똥으로 만들어 버렸다고 말하였다. 그리고는 또 이런 말도 하였다.

"결국 나중에 가서야, 자기 마음을 똥으로 만들지 꽃으로 만들지는 자기가 선택하는 것이라는 걸 알았어요. 왜냐하면 환경에 상관없이, 화장실을 깨끗하게도 할 수 있고 더럽게도 할 수 있는 것은 바로 사람이거든요. 스스로 할 말을 내뱉을지, 내뱉지 않을지를 선택할 수 있는 것처럼. 우리 마음과 입을 더럽힐지, 더럽히지 않을지는 스스로 선택할 수 있는 거예요."

아주머니는 '자유 의지'free will에 대해서 말하고 있었다. 자기의 마음가짐, 즉 태도를 선택할 자유로운 의지가 사람에게 있다는 것. 그것은 심리학에서 중요하게 다루는 주제였다. 빅토르 프랑클은 2차 세계 대전 당시에 독일군이 만든 유대인 포로수용소에 갇힌 상태였다. 최악의 환경에 있었던 셈이다. 그런데 바로 그곳에서 프랑클은 자유 의지를 발견하였다. 외부의 환경과는 상관없이 자기의 마음가짐을 결정하는 것은 궁극적으로 바로 자기 자신이라는 것. 그것을 프랑클은 발견한 것이다. 그런데 아주머니는 바로 그것을 화장실에서 발견한 것이다.

"아주머니가 말한 건 일종의 자유 의지인 것 같습니다."

"뭐, 자유 의지니 뭐니 하는 그런 추상적인 말은 생각하고 싶지 않아요. 다만, 나는 태도를 선택하는 것이 바로 나 자신이고, 또 그것은 하나님이 맡겨 주신 능력이라는 것을 알게 된 것이지요."

아주머니는 크리스천답게 '능력'이라느니 '맡겨 주셨다'느니 하는 기독교적 표현을 사용해서 설명하기 시작했다. 아주머니의 이야기는 계속되었다.

"그러니까 내 말은 말이죠. 음,《성서》에 보면 '항상 기뻐하라'라는 말씀이 있잖아요? 그런데 그 앞에 조건이 없어요. 기뻐할 조건이 있을 때 기뻐하라는 것이 아니란 말이죠. 그저 모든 순간에 기뻐하라는 말씀인 거예요. 그러니까 기뻐할지, 기뻐하지 않을지를 바로 사람이 택해야 한다는 것이겠죠?"

아주머니는 자유 의지라는 추상적 개념을 쉽게 설명하려고 하다가 논리적인 비약을 보였다. 그러나 나는 아주머니의 말을 충분히 이해할 수 있었다.

"아, 아주머니. 잘 이해됩니다. 그러니까 태도를 선택하는 것은 바로 자기 자신이라는 말씀을 하시는 것 아닙니까? 마음가짐은 스스로 선택할 수 있다는 말씀 맞습니까?"

"예, 그래요."

"하지만 그렇게 태도를 스스로 선택하는 것이 쉽지는 않을 텐데요. 예를 들면 모든 일에 감사하기는 힘들잖아요. 힘든 상황에서 감사하기는 더욱 힘들 텐데 말입니다."

사실, 바로 이것이 심리학자들의 고민 중에 하나였다. 분명 사람에게는 자유 의지가 있는 것 같기는 한데, 이 자유 의지라는 것도 극한 상황에서는 잘 발휘되지 않기 때문이다. 예를 들어 100미터 높이의 벼랑 끝을 걸으라 하면, 사람들은 자신의 의지와는 상관없이 공포심을 가지게 되고, 결국 그 공포심 때문에 몸이 흔들려 벼랑에서 떨어지고 만다. 그렇지만 10센티미터 높이의 길을 걸으라 하면 떨어져도 크게 다칠 염려가 없기 때문에 두려워하지 않게 되고, 덕분에 잘 걸을 수 있게 된다.

그래서 심리학자들은 자유 의지가 정말로 있는지조차 의심하기도 하고, 어떤 심리학자는 자유 의지가 어디까지 발휘될 수 있는지를 연구하기도 한다.

내가 이렇게 현학적으로 이런 저런 생각을 하고 있을 때, 아주머니의 말이 이어졌다.

"예, 맞아요. 힘든 상황에서 감사하기는 더욱 힘들지요. 차라리 힘든 상황에 마음을 맡기고 짜증내는 편이 더 쉽지요. 하지만 그렇게 하면 나는 똥이 되는 거예요. 똥에는 파리가 꼬이게 되고. 결국 주위가 더럽다고 나도 똥으로 변해 버리면 파리가 더 꼬이는 법이죠. 더 힘들어진다 이 말이에

요. 나는 그것을 체험했어요. 남편의 부도 때문에 불평하고 짜증내니 더 자주 남편과 다투게 되었지요. 그럴수록 더욱 불평할 수밖에 없게 되고요."

사실 지금 우리 부서가 그런 상황이었다. 구조조정에 들어간다는 소문이 날 때부터 사람들은 신경이 날카로워졌다. 그렇게 사람들이 서로 예민해지자 더욱더 업무 처리가 제대로 되지 않았다. 그럴수록 구조조정을 해야 할 명분은 쌓여만 갔다.

우리가 구조조정을 두려워할수록, 우리는 스스로의 목을 벨 칼을 적에게 주고 있는 셈이었다. 우리가 똥이 됨으로써 파리를 불러온 형국이었다. 그렇다면 이제 결론은 난 셈이었다. 일단 우리는 꽃이 되어야 한다. 그래야 파리가 달아나고, 대신에 나비가 찾아올 것이었다. 그렇다면 어떻게 꽃이 될 것인가?

"아주머니, 그렇다면 어떻게 꽃이 되셨습니까? 꽃이 되기가 쉽지 않지 않습니까? 자기 스스로 바람직한 태도를 선택하기가 어렵지 않습니까?"

"맞아요. 그게 힘들지요. 그래서 저는 점검표를 만들었어요. 단번에 태도를 확 바꾸기는 어려우니까, 매일 내 태도를 점검하면서 훈련하기로 한 거지요. 점검표를 보세요. 거기에 어떤 날은 가위표, 어떤 날은 세모표, 어떤 날은 동그라미표가 쳐져 있지요?"

나는 아주머니의 말을 듣고 다시 한 번 아주머니의 태도 점검표를 살펴보았다. 매 칸마다 어김없이 가위표, 세모표, 동그라미표가 그려져 있었다.

"아, 네. 그러네요."

"어떤 날은 감사하고자 마음먹고 감사한 날이 있었어요. 심지어 여기 상가 관리 주임이 저한테 역정을 내어도 감사

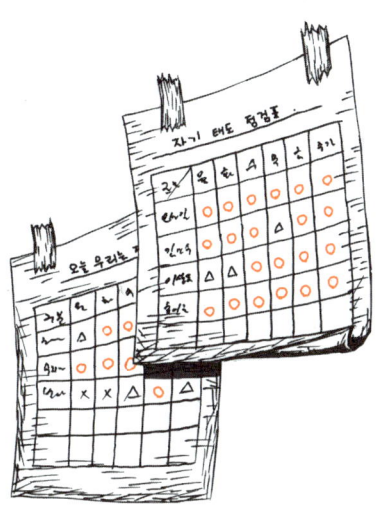

했지요. 그런 날은 동그라미표를 그렸어요. 또 어떤 날은 내 신세가 처량해서 불평하기도 했지요. 그런 날은 가위표를 했어요. 그런데 그렇게 매일 내 태도를 점검해 나가다 보니 점점 동그라미 쳐지는 날이 많아진 거예요. 그래서 점점 감사하는 것이 습관이 되고, 그러다 보니 감사할 일도 더 많아지데요."

나는 아주머니의 말을 듣고 점검표를 보았다. 점검표는

모두 여섯 칸으로 만들어져 있었다. 아마도 하루에 한 번씩 점검표를 새로 만드는 모양이었다. 그런데 앞부분에는 가위표가 많은 반면에, 뒷부분으로 갈수록 동그라미표가 많았다. 그러고 보니, 이것은 미국의 프랭클린Benjamin Franklin이 만들었다던 자기 태도 점검표와 비슷했다. 프랭클린도 자기가 갖추어야 할 미덕 13가지를 점검표로 만들었다. 그리고는 일주일에 한 번씩 아주머니처럼 표시를 해 나갔다.

"아하, 아주머니. 그리고 보니 이 점검표를 어디선가 본 적이 있습니다. 미국에 벤자민 프랭클린이라는 유명한 사람이 있었는데, 그 사람도 이런 식으로 자신의 태도를 고쳐 나갔었습니다."

"그래요? 그건 처음 듣는 이야기네요."

"그래서 그 사람은 나중에 자연스럽게 미덕을 습득하게 되었지요. 영국의 새뮤얼 스마일스Samuel Smiles란 사람은 이렇게 말했습니다. '태도가 바뀌면 행동이 바뀌고, 행동이 바뀌면 습관이 바뀌고, 습관이 바뀌면 성품이 바뀌고 성품이 바뀌면 운명이 바뀐다'고 말입니다. 결국, 아주머니는 프랭클린처럼 태도를 바꿔서 습관과 운명을 바꿔가는 기술을 발휘하신 겁니다."

내가 이렇게 말해 놓고도 스스로 놀랐다. 아주머니의 점검표와 프랭클린의 점검표, 그리고 스마일스가 말한 것을 연결시켜 놓다니. 그러고 보니 지혜라고 하는 것은 언제 어디서든, 어떤 사람이든 상관없이 비슷하게 나타나는 것 같았다.

다시, 아주머니의 말이 이어졌다.

"그래요? 내 말이 그 말이에요. 꽃이 되면 나비가 찾아든다는 것. 내 태도를 바꿔 내 마음을 꽃으로 바꾸니 나비라는 좋은 일들이 찾아들더라 이 말이에요. 점검표를 바꿔 가면서 한 여섯 달 동안 내 태도를 바꿔 가니까, 항상 감사하는 성격으로 바뀌어 갔어요. 그 후 그렇게 내 태도에 대한 점검표를 놓고 끊임없이 나를 점검해 나갔죠. 그러자 어느새 나는 달라져 있었어요. 나는 잘 몰랐는데, 다른 사람들은 내가 달라졌다는 것을 금방 알아차리데요. 전에는 자주 짜증내고, 불평하고, 불만족스러워했었는데 말이죠. 어느새 감사하고, 기뻐하는 성격으로 바뀌었다는 거예요."

"아주머니도 모르게 꽃이 되셨다는 말이군요."

"그래요. 나도 모르게 나는 꽃이 되어 갔어요. 그런데 놀라운 건……."

나는 아주머니가 말끝을 흐리자, 무슨 말이 나올까 하고 궁금증이 증폭되었다. 내가 호기심 어린 눈으로 아주머니를 바라보자, 아주머니는 화장실을 가리키며 말했다.

"저 화장실처럼 되었어요."

"네?"

화장실처럼 되었다니. 다시 마음이 더럽혀졌다는 의미인가? 나는 의아한 표정으로 아주머니를 바라보았다.

"참 이상하죠? 화장실이 더러울 때는 사람들이 휴지를 많이 버리더니, 깨끗해지니까 휴지를 덜 버리데요. 그리고 술 마시는 애들, 담배 피우는 애들도 안 오더란 말이죠."

"아, 아주머니의 인생에 나비가 찾아왔다는 말이군요?"

"그래요. 화장실이 깨끗해지니까 파리가 덜 꼬이듯이, 내 삶을 괴롭히던 파리들도 덜 꼬이데요. 그리고는……."

"그리고는요?"

아주머니는 또다시 화장실을 바라보았다. 아주머니는 화장실에 애착을 지닌 듯 보였다. 어쩌면 화장실의 상태는 아주머니의 마음을 상징하는 것인지도 몰랐다.

"그리고는… 화장실이 깨끗해지니까 관리주임도 달라지데요. 화장실에 맞추어서 건물도 깨끗해져야 한다며 페인트 칠을 했어요. 그렇게 건물이 깨끗해지니까, 입주한 상인들도 달라졌어요. 마침내 간판도 정비하기 시작했지요."

"아, 그랬습니까?"

나는 새삼스럽게 눈을 들어 상가 건물을 쳐다보았다. 전에는 잘 몰랐는데, 상가 건물은 무척 깔끔하게 정리되어 있었다. 간판도 한결같은 크기로 잘 정비되어 있었다.

"그런 식으로 내 인생도 달라졌어요. 내가 달라지니 나비가 모이고, 나비가 모이니 꽃들이 더 피고, 그러다 보니 내가 있는 곳이 향기 나는 푸른 동산이 되었지요."

아주머니는 모든 변화가 바로 자신으로부터 시작되었다고 말을 하였다. 나는 아주머니의 이야기를 들으며 자신을 돌아보았다. 나는 변화의 동인을 밖에서 찾으려고 하였다. 내가 아닌 누군가가 변하기를 바랐던 것이다. 그러나 변화는 나로부터 시작되는 것이었다. 내가 똥으로 남아 있는 한, 주위가 꽃으로 채워져도 파리는 꼬이게 마련이었다. 내가 꽃이 되면 주위에 꽃들이 더 많이 필 것이 분명하였다.

'결국, 마음가짐의 문제란 말인가?'

나는 예전에 어떤 노인 한 분을 차로 댁까지 모셔다 드린 적이 있다. 그분을 모시고 가는 동안, 나는 그분과 함께 여러 가지 세상 사는 이야기를 나누었었다. 그런데 그분은 처음부터 끝까지 마음가짐이 중요하다고 말씀하셨다. 나라가 잘되려면 마음가짐부터 바뀌어야 한다고 하셨고 집안이 잘되는 것도, 개인이 잘되는 것도 다 마음가짐에 달려 있다고 하셨다. 오늘 아주머니의 이야기가 바로 그 어르신의 말씀과 다를 바가 없었다.

"흠, 마음가짐이라. 마음가짐, 그러니까 태도가 결국 모든 것을 결정한다는 말인가? 태도가 바뀌면 모든 것이 바뀐다는 것이구나. 마치 북경의 한 마리 나비의 날갯짓이 뉴욕에 폭풍을 가져올 수 있는 것처럼 작은 마음가짐의 변화가 나와 우리, 그리고 나아가서는 나라의 변화까지 가져올 수 있다는 말인가?"

나는 이렇게 독백하듯이 되뇌었다.

"그나저나 아주머니. 아주머니는 참 대단하십니다. 그토록 어려운 상황에서도 그렇게 좋은 깨달음을 얻다니. 게다가 화장실 점검표에서 아이디어를 얻어서 자기 태도를 고치는 방법까지 고안해 내시다니 말입니다."

내가 새삼 아주머니에게 감탄하며 이렇게 칭찬을 하자 아주머니는 부끄러운 듯 손사래를 치며 이렇게 말하였다.

"아유, 아니에요. 만약 나도 예전처럼 편하게만 살고 있었다면 이렇지는 않았을 거예요. 가난한 사람들을 무시하고 또 도도하게, 때로는 사치하며 살았겠지요. 그런데 집안이 망하고 나서야 비로소 내 태도가 잘못되었다는 것을 깨달았어요. 그러니 오히려 이런 기회를 주신 하나님께 감사해야지요."

아주머니는 늘 감사하는 태도를 훈련하여 지닌 사람답게, 자신의 어려운 처지에마저 감사하고 있었다.

내가 아주머니를 존경하는 눈빛으로 바라보자, 아주머니는 뭔가 확신에 찬 듯 이야기를 계속하였다.

"하나님은 재물을 원하시는 것이 아니라 바른 태도를 원하시는 것 같아요. 우리 집이 잘살 때 그렇게 십일조를 많이 했는데도 우리 집은 망했죠. 아, 참 십일조 알아요?"

"네, 잘 압니다. 자기 소득이나 재산의 십 분의 일을 하나님께 바치는 것 말이죠? 하나님을 공경한다는 것을 표시하기 위해서."

"그래요. 요새는 변질되어 목사님들이 너무 십일조를 강조하지만 말이죠. 하지만 제 생각에 하나님은 바르지 못한 태도로 드리는 예물 같은 것은 받지 않으시는 것 같아요. 나는 우리 집안 일로 그것을 깨달았어요. 우리 집안이 한 번 망한 덕분에 바른 태도를 가지게 되었죠. 그런데 그때부터 조금씩 잘되어 가기 시작했어요. 하나님은 제게서 바른 태도라는 제물을 받고 싶으셨던 것 같아요. 감사하는 태도, 겸손한 태도 같은 것 말이죠. 가난한 사람들을 무시하지 않고 불쌍하게 여기는 태도도 포함되고요. 그런 것들이 습관적으로 드리는 십일조보다 더 중요하다고 생각하신 것이 아닐까요? 그런 태도를 갖추고 드리는 십일조가 더 가치 있는 것이 아닐까요?"

"네, 저도 그렇다고 생각합니다. 채플 시간에 배운 것인데, 하나님은 불의한 재물을 역겨워하신다고 들었습니다."

나는 비록 크리스천은 아니었지만, 아주머니의 말이 옳다고 생각하였다. 진리와 정의를 사랑하는 신이 정말로 존재한다면, 바른 태도로 드리는 예물을 즐거워하실 것이 분명했다. 그것은 누구라도 양심을 통해서 알 수 있을 만한 일이라고 생각했다.

나는 아주머니와 헤어져 여의도공원으로 나가
보았다. 이것저것 많은 생각들이 떠올랐다. 그리고 마침내
이런 결론을 낼 수 있었다.

"그래, 우리 회사의 위기, 전산실의 위기도 어쩌면 바른
태도를 깨달으라는 기회인지도 모르겠다. 태도가 바뀌면
내가 변하고, 내가 변하면 모두가 변하는 것이다. 마치 복
잡계complex systems에서처럼 사소한 나의 태도 차이가 큰 변화
를 불러일으키는 것이다. 북경의 나비가 뉴욕에 폭풍을 불
러올 수 있다."

나는 기쁜 마음에 전산실장과 팀장들에게 전화를 하였다. 퇴근 시간이 지났음에도 불구하고 다들 전화를 받아 주었다. 아마도, 뭔가 새로운 소식이라도 전해들을 수 있을 것이라고 생각들을 한 모양이었다. 나는 먼저 전산실장에게 전화를 걸었다.

"찾았습니다. 찾았다고요."

"이봐, 한 팀장. 다짜고짜 그게 무슨 소리야? 얼마나 염려했는지 알아? 일단 회사로 돌아와. 강 본부장이 심하게 질책을 하기는 했어도 그건 당신 문제가 아니잖아? 나하고 김 팀장이 책임질 일이야."

"실장님, 그게 중요한 게 아닙니다. 진짜로 우리가 살 길을 찾았다는 말입니다."

"그래? 그게 뭔데? 구조조정 대상에서 벗어날 길을 찾았다는 말인가?"

"아니요. 더 근본적인 해결 방법을 찾았습니다. 우리도 잘되고, 회사도 잘되는 방법 말입니다."

"글쎄, 그게 뭐냐고."

"내일 조회 때 말씀 드리지요."

나는 일단 공 실장과의 통화를 끊고 팀장들에게도 내일 조회에는 꼭 참석해 주도록 부탁하는 전화를 하였다. 전화 통화를 마치고 나서 다시 천천히 여의도공원을 걸으며 이것저것을 생각해 보았다.

지난번 한강 둔치에서 보았던 것처럼, 공원의 풍경도 별다를 것은 없었다. 자전거를 타는 사람들 중에 여전히 어떤 이들은 즐거워하고, 어떤 이들은 짜증을 낸다. 바람이 불어 쓰러져도 즐거워하는 연인들이 있는 반면에, 자전거를 잘 타지 못한다는 이유로 부부 싸움을 하는 부부도 있다. 외적인 상황은 그다지 다르지 않다. 그러나 그 상황에 대해 어떤 태도를 선택하느냐는 것만으로 상황을 더 즐겁게도, 더 나쁘게도 만들고 있었다.

"그래, 회사 일도 마찬가지야. 어차피 외적인 상황은 똑같아. 그러나 그 상황을 통제할 힘은 바로 우리에게 있는 거야. 우리가 그 상황에 대해 바른 태도를 선택하면, 기쁜 상황이 만들어질 수 있어. 반면에 바르지 못한 태도를 선택하면 상황을 더 악화시키게 되는 거야. 상황을 변화시킬 힘은 바로 우리 자신 속에 있었던 거야."

나는 이렇게 조금씩 깨닫고 있었다.

이 깨달음은 원효의 깨달음과 크게 달라 보이지 않았다. '모든 게 마음먹기에 달렸다는 것', 즉 일체유심조一切唯心造 라는 말. 신라의 승려였던 원효는 깨달음을 얻기 위해 당나라로 향하였다. 그러던 중에 그는 동행자와 함께 한 동굴에 들었다. 그리고 너무 목이 말라 물을 찾던 중에 바가지로 보이는 것에 물이 담겨 있는 것을 발견하였다. 갈증에 시달리던 원효는 그 물을 마셨고, 물맛은 꿀보다도 더 달았다. 그런데 다음날 아침에 깨어 그 바가지를 살펴보니, 사람의 해골이 아닌가. 해골 속에 고인 물을 마시고 꿀보다 더 달다고 원효는 생각하였던 것이다. 원효는 여기서 큰 깨달음을 얻었다. 만약 해골이라고 생각하고 마셨다면 물 맛이 좋지 않을 것이지만, 스스로는 세상에서 가장 시원한 물 맛이라고 생각했다는 점을. 바로 마음가짐에 따라서 모든 것이 달라진다는 것을 깨달은 것이다.

또, 원효의 깨달음은 빅토르 프랑클의 견해와도 일치했다. 자신의 태도를 선택함으로써 최악의 수용소에서도 삶의 의미를 발견하고, 살아남을 수 있었다는 것. 유대인 수용소에는 두 부류의 사람이 있다는 것을 프랑클은 발견하였다. 한 부류는 수용소의 열악한 환경에 적응하여 같은 유대인을 괴롭히고, 자신의 이익만을 추구하는 사람들이었다. 또 한 부류는 죽어가는 순간에마저 이타심을 보이는 사람들이었다. 여기서 프랑클은 깨달음의 단초를 얻게 된다. 즉, 자신의 태도를 선택하는 기준은 외적인 환경이 아니라는 것. 바로 그것이었다. 그것을 계기로 프랑클도 스스로의 태도를 선택하기 위해서 애썼고, 그 선택에 힘을 준 것은 사랑하는 아내였다. 그렇게 프랑클은 마음가짐을 스스로 선택할 수 있다는 것을 깨달았다.

나는 다시금 자전거를 타는 사람들을 보았다. 역시나 자전거를 타는 행위는 똑같다. 그런데 어떤 사람들은 기뻐하고, 어떤 사람들은 화를 낸다. 왜 그럴까? 나는 이런 결론을 내릴 수 있었다.

"기뻐할 수 있는 상황이어서 기쁜 것이 아닌 것이 분명하다. 기뻐하기 때문에 기뻐지는 것이다. 사랑하는 사람이 곁에 있어도 기뻐해야 기뻐지는 것이다. 그것은 마음먹기에 달려 있는 것이다. 그것은 태도의 문제다. 즐거워하기 때문에 즐거운 것이다."

나는 고등학교 채플 시간에 들었던 이야기가 떠올랐다. 그 선생님은 다음과 같이 가르쳐 주셨다.

"《성서》에 보면 여러 가지 교훈들이 기록되어 있습니다. 예를 들면 '범사凡事에 감사하라'라는 말씀과 같은 것이지요. 그런데 그 앞에 조건이 없습니다. 감사할 이유가 있으니까 감사하라고 기록되어 있지 않다는 말입니다. 오히려 그저 모든 일에 감사하라고 합니다. 과연 여러분은 그렇게 할 수 있습니까? 예, 그렇게 할 수 있고, 그렇게 해야만 합니다. 그렇게 할 수 있는 이유는 바로 여러분의 태도를 여러분 스스로 선택할 수 있기 때문입니다. 또, 그렇게 해야만 하는 이유는, 여러분이 항상 감사할 때 감사할 일이 더 많아지기 때문입니다. 어떤 선각자가 이런 말을 했습니다. '촛불에 감사하는 자에게는 등불이 주어지고, 등불에 감사하는 자에게는 달빛이 주어지고, 달빛에 감사하는 자에게는 햇빛이 주어진다'고 말입니다. 그렇습니다. 우리가 아무리 어렵고 힘든 상황에서라도 감사하면, 그것만으로도 우리 몸에서는 좋은 화학 물질들이 분비되어 건강과 기쁨을 얻을 수 있습니다. 그리고 바로 그런 이유 때문에라도 감사할 이유가 더 많아지는 것입니다. 내가 감사하며 기뻐하면 다른 사람도 기분이 좋아질 테고, 그렇게 우리들이 감사할 일도 점점 더 많아집니다."

나는 오랫동안 잊고 있었던 그 선생님의 말씀이 이토록 생생하게 떠오른다는 것 때문에 스스로 놀랐다. 아마도 살아남아야 하는 절박한 위기 때문일 것이라고 생각했다. 벼랑 끝에서 떨어지는 순간에는 자신의 인생에서 겪었던 모든 일이 생각난다고 하지 않았던가. 나는 비록 떨어지고 있지는 않지만, 벼랑 끝에 서 있기는 마찬가지였다.

태 도 태도를 바꾸면 모든 것이 바뀐다

나는 기쁜 마음을 안고 집으로 돌아오는 길에 다시 한 번 마을버스를 타 보기로 하였다. 어쩌면 트로트 씨를 또 한 번 만나게 될지도 모르겠다고 생각했다. '우연이란 신이 만든 계획을 부르는 또 다른 이름' 이라는 말도 있지 않은가? 어쩌면 내가 태도의 중요성에 대해서 깨닫게 된 것도 신의 계획 속에 있는지 모른다. 그렇다면 오늘 트로트 씨를 만나게 되지 않을까? 그러나 트로트 씨가 운전하는 마을버스는 오지 않았다. 나는 실망한 채로 천천히 집으로 가는 길을 걷고 있었다.

그때였다. 어디선가 '빵빵' 하는 소리가 들려 왔다. 나는 개의치 않고 계속 걸었다. 빵빵 소리가 다시 들려 왔다. 나는 무심코 뒤를 돌아보았다. 그러자 작은 승용차 한 대가 내 앞에 멈춰 섰다.

"어? 여기 살아요?"

승용차에서 내린 사람은 놀랍게도 청소부 아주머니였다.

"어? 아주머니 아니십니까? 이 동네 사십니까?"

"아니요. 전에 작은 분식집을 하나 열게 되었다고 했죠? 이곳에서 가까운 곳에 있어요. 그동안 일하는 아주머니들에게 가게를 맡겼는데, 손님들이 많아져서 직접 관리하려고 해요. 조만간 청소부 생활을 그만두고 말이죠. 그래서 아예 이사를 오려고 집을 알아보는 중이에요. 그나저나 참, 반갑네. 몇 시간 전에 보고 또 보다니 말이에요."

"그러게 말입니다. 보통 인연이 아닌 것 같습니다."

"호호, 그러게요. 참, 인사해요. 제 남편이에요."

나는 아주머니의 남편의 얼굴을 제대로 보기도 전에 습관처럼 먼저 고개부터 숙였다.

"안녕하십니까? 어, 그런데……."

막상 인사를 하고 나니 놀랍게도 아주머니의 남편은 트로트 씨였다.

"저기, 트로트 씨 맞으시죠? 버스 운전을 하시던."

"예? 아, 제 별명이 트로트 맞아요. 그런데 제가 운전하는 버스를 타셨었나 보죠?"

"그럼요. 트로트 씨가 운전하던 버스의 운전석 위에 있던 그림도 잘 살펴보았습니다."

내가 이렇게 말하자, 트로트 씨는 가벼운 미소를 지어 보였다. 그렇게 놀라는 마음을 안고, 나는 아주머니와 트로트 씨를 따라서 아주머니가 열었다는 분식집에 가 보았다. 분식집에서는 김밥과 여러 가지 식사 거리를 저렴한 가격에 팔고 있었다.

나는 거기서 간단히 저녁 식사를 하면서 아주머니의 집안 이야기를 들을 수 있었다. 아주머니의 남편인 트로트 씨는 사업에 실패한 후 한동안 방황하다가 아주머니가 변화하자 다시 예전 모습으로 돌아갔다고 한다. 그리고 아주머니가 들려준 꽃과 나비 이야기를 듣고는 트로트 씨도 변화하기로 굳게 마음먹었다고 한다. 그래서 '항상 기뻐한다'는 원칙을 세우고, 버스 운전을 하면서 그 원칙들을 지켜 나갔다고 한다. 그렇게 태도를 바꾸자 성격이 바뀌고, 두 사람은 점점 감사할 일이 많아졌고, 부지런히 일한 덕분에 작은 분식집을 하나 차릴 수 있게 되었다는 것이다.

아주머니는 또, 자신이 분식집을 경영하는 철학을 말해 주었다.

"식당의 조건은 첫째도 친절, 둘째도 친절이에요. 손님에게 친절한 식당 치고, 불결한 식당 없는 법이죠. 손님을 생각하는데 불결한 음식을 만들 수 있나요? 그렇게 친절로 향기를 내는 꽃이 되면 손님들은 나비처럼 자연스럽게 찾아오게 마련이죠."

그리고 아주머니는 손으로 벽의 한 쪽을 가리켰다. 벽에는 '오늘 나는 손님에게 친절했는가?'라는 문구와 함께 근무하는 아주머니들의 이름이 함께 적혀 있었다. 물론 거기에는 아주머니의 이름도 적혀 있었다.

오늘 나는 손님에게 친절했는가?

20xx년 x월 둘째주

이름	월	화	수	목	금	토
박이순	○	✕	✕	△		
김말희	✕	✕	△	✕		
최경자	○	○	○			
김순이	✕	○	○			

아주머니들의 태도 점검표를 유심히 보고는 다시 주위를 살펴보니 빈자리가 없었다. 게다가 밖에서는 손님들이 김밥을 주문하고 줄 서서 기다리기까지 하였다. 트로트 씨가 아주머니의 말을 이어 받아 말하였다.

"내가 사업에 실패하기 전에 말입니다. 은행을 내 집처럼 드나들었죠. 그러다가 IMF 사태가 발생하면서 여러 은행들이 망했죠. 그때 망한 은행들의 공통점이 뭔지 압니까?"

"전, 잘 모르겠습니다."

"그건, 한결같이 불친절한 태도를 지닌 직원들이 많은 은행들이었다는 거죠."

"아, 네."

"직원들의 태도만 보면 그 회사가 잘될 회사인지, 잘못될 회사인지 금방 알 수 있어요. 왜냐하면 회사란 사람들이 모인 곳인데, 회사를 이루는 사람들의 태도가 나쁜 상태에서 회사가 잘될 수는 없잖아요? 그것처럼 회사의 위기는 거의 임직원들의 태도에서 비롯되는 것이라고 생각합니다. 직원들의 태도가 엉망인 회사는 고객을 관리하는 시스템도 엉망이었고, 그것에 항의하면 서로들 책임을 전가하기만 하는 태도를 보였습니다. 그렇게 책임을 전가하는 태도가 영성한 시스템을 만든 것이지요."

나는 트로트 씨의 말을 들으며 새삼 우리 회사를 생각해 보았다. 어쩌면 회사 위기의 원인은 바로 우리들 자신에게 있는지도 모른다. 근무 시간에 사우나를 하고, 부서끼리 협조를 하지 않고, 서로 더 많은 권력을 차지하려고 다투는 태도들이 회사를 위태하게 한 것이 분명해 보였다.

그리고 더 나아가서 우리 집안의 위기도 마찬가지라는 생각이 들었다. 집안을 구성하는 사람이라고는 나와 아내, 그리고 아이들밖에 없었다. 아이들은 아직 무엇이 바른 태도인지 모르는 상태. 결국 나와 아내의 태도에 문제가 있는 것이 분명했다. 만약 아내의 태도에 문제가 없다면, 결국 내 태도에 문제가 있는 것이다.

나는 이렇게 결론짓고 있었다. 그러자 다시 트로트 씨의 이야기가 계속되었다.

"지금은 망해 버렸지만, 내가 경영하던 회사도 그랬어요.

회사가 잘 나가니까 내가 좀 해이해졌나 봅니다. 교만해졌다고나 할까요. 그리고 직원들의 자세도 좀 달라졌죠. 하청업체에 대해서 상관처럼 굴고, 고객을 봉으로 보기 시작했죠. 그러다 보니 고객들의 불만도 많아졌습니다. 나는 회사가 망하는 그 순간까지도 그런 불만을 제기하는 고객들이 문제라고 생각했습니다. 별것 아닌 일로 클레임을 걸어 오는 고객들에 대해 불평했지요. 그런데 그게 아니었습니다. 모든 문제는 바로 우리에게 있었던 겁니다. 나를 비롯해서 회사 직원 모두의 정신 상태가 해이해져서 문제가 생긴 거지요. 때 늦은 후회이기는 하지만 말입니다."

그렇게 나는 트로트 씨와 아주머니의 이야기를 듣고 나서 다시 집으로 향하였다. 택시를 타고 가겠다는 나를 굳이 말려 트로트 씨는 자신의 차로 실어다 주었다. 차 안에서 트로트 씨는 의미 있는 말을 하였다.

"보세요. 핸들을 꺾으면 바깥 풍경이 모두 달라지잖아요? 내 태도가 바뀌면 모든 것이 바뀌죠. 심지어 내가 보고 듣는 것들조차 내 태도에 따라서 달라지는 겁니다. 우리는 저마다의 인생이라는 자동차 안에 타고 있는 영혼입니다. 그리고 우리의 영혼은 태도라는 핸들을 쥐고 있는 운전수와 같아요. 나는 사업이 망하고 나서야 그걸 깨달았죠. 그래서 지금은 친절한 태도, 겸손한 태도, 기뻐하는 태도를 지키려고 힘쓰고 있어요. 사막을 건너 오아시스를 향하는 나그네같이 말이죠. 오아시스에 도달해서 꽃을 피우고 싶기 때문입니다."

트로트 씨는 아주머니보다는 더 철학적인 방식으로 태도의 중요성에 대하여 알려 주었다.

나는 집으로 오는 내내 많은 생각을 하였고, 집으로 돌아온 즉시로 생각을 정리해 발표 자료를 준비하였다. 우리 전산실이 구조조정의 위기에 빠지게 된 원인, 그리고 그것을 벗어나는 방법을 태도를 중심으로 정리해 보았다.

　이렇게 발표 자료를 준비하다 보니 새삼 우리 가족 안에서 나의 태도의 문제점도 알 것 같았다. 나는 발표 자료 준비를 잠시 멈추고, 다시 아내에게 전화하였다.

　장모님이 눈치 채실 것 같아서 아내의 휴대전화로 직접

전화하였다. 그런데 아내는 전화를 받지 않았다. 몇 번을 다시 걸어 보았지만, 여전히 아내는 전화를 받지 않았다. 나는 불현듯 불안한 생각이 들었다. 전에 아내는 조금 더 생각할 시간을 갖자며 이혼을 보류하겠다는 말을 하였다. 그런데 지금은 내 전화를 받지 않는다. 그렇다면 이혼을 결심한 것인가?

나는 속으로 화가 났다. 당장 아내에게 쫓아가서 따지고 싶었다. 그러나 그 순간 바른 태도부터 갖춰야 한다는 생각이 들었다. 내가 화를 내면 나는 똥이 되고, 걷잡을 수 없는 다툼이 파리처럼 다가올 것이 분명했다. 내가 이렇게 분노를 억제하는 바른 태도를 취함으로써 나는 다툼이라는 댐을 터뜨리지 않을 수 있었다. 나는 새삼 태도가 얼마나 중요한 것인지 깨달았다. 앞뒤 상황을 재 보지도 않고 벌컥 화부터 내는 태도를 취했다면 분명 아내와 나 사이는 더욱 크게 벌어졌을 것이다.

나는 분노를 멈추기 위해 숨을 크게 내쉬었다. 그렇게 마음을 가라앉힌 뒤, 장모님 댁으로 전화를 해 보았다.

"장모님, 저 한 서방입니다."

"아이구, 한 서방. 아직도 일이 안 끝났는가? 애들을 그렇게 내버려두면 쓰나?"

"예?"

"애들은 지금 병원에 가 있네. 학교에서 식중독에 걸렸다지 뭔가. 자네 집사람은 조금 전에 연락받고 급히 병원으로 갔어. 경황이 없어서 핸드폰도 두고 간 모양이네. 진동으로 해 놔서 나도 전화 온 줄을 몰랐어."

어쩐지, 뭔가 일이 있었구나. 나는 가슴이 뜨끔했다. 아이들이 어떻게 되는 것은 아닌지 하는 생각도 들었다. 상식적으로 생각해 보아서는 그렇게 소란을 떨 일이 아닐 수도 있었다. 하지만 부모 마음이라는 게 그렇지 않았다. 갑자기 하늘이 노래지며, 앞뒤 정황을 가릴 생각이 나지 않았다. 마치 지난 여름에 해수욕장에서 아이들을 잠시 잃어버렸던 것과 비슷하게 심장이 마구 뛰었다.

나는 어찌어찌하여 병원 연락처를 알아내었고, 즉시 병원으로 달려갔다. 병원 입원실 여러 곳에 여러 학생들이 입원해 있었고, 여러 학부형들이 나와 있었고, 거기에 아내와 아이들도 있었다.

"아니, 당신은 애들을 잘 간수하지 않고 뭐 하고 있었던 거야?"

나는 아내를 보자마자 다짜고짜 이렇게 소리부터 쳤다. 사실은 아내의 책임이 아닌 것이 분명했다. 학교 책임이 태반이라는 것도 알고 있었다. 그러나 나는 아내 앞에서 소리를 질렀다. 그럼으로써 내가 지어야 할 책임감에서 벗어나고 싶었다. 그리고 이런 일 때문에 아내와 아이들을 찾아온 내 자신이 부끄럽기도 했기 때문이다. 아내는 놀란 얼굴로 나를 쳐다보았다. 옆에 있던 다른 학부형들이 내 소리에 놀랐는지 모두 아내와 나를 주시했다. 아내는 무안하고 부끄럽고 화가 났는지, 울음을 터뜨리더니 밖으로 뛰쳐나갔다. 나는 미처 내 자신을 자책할 새도 없이 아내를 쫓아 나갔다. 갑자기 후회가 밀려들었다.

"이런 태도를 보이지 말았어야 하는데."

바로 몇 시간 전까지도 바른 태도를 유지하려고 힘썼다.

그렇게 나는 분노를 억제하는 태도를 지녔다. 그런데 한 시간이 채 지나기도 전에 그런 의지는 온 데 간 데 없이 아내에게 상처 주는 태도를 또 보인 것이다.

아내의 팔을 잡고 일으켜 위로하려 했지만, 아내는 내 손을 강하게 뿌리치며 또 어디론가 달아나 버렸다.

나는 아이들이 잠든 것을 보고는 다시 집으로 발길을 돌렸다. 어차피 병원에 있어 보았자 아내의 마음만 아프게 할 것이 분명했다.

"제길."

나도 모르게 입에서 욕지기가 나왔다. 태도를 스스로 선택하지 못하는 자신이 미웠다. 빅토르 프랑클은 독일군 수용소에서도 자신의 태도를 스스로 선택했다고 하지만, 나는 그것이 되지 않았다. 역시 태도를 선택하는 힘은 어디에선가 주어져야 하는 것인지도 모른다. 그래서 바울 사도는

"오호라 나는 곤고한 사람이로다. 내가 원하는바 선은 행치 않고, 원치 않는바 악을 행하는도다"라고 하지 않았던가?

빅토르 프랑클은 바른 태도를 선택하는 힘을 아내에 대한 사랑에서 찾았다 하고, 그리스도인들은 하나님에 대한 사랑과 하나님의 성령의 도우심에서 찾는다 하는데, 나는 아내를 사랑하면서도 올바른 태도를 취하지 못하였다. 그렇다면 나는 아내를 깊이 사랑하는 것이 아니지 않는가?

나는 집으로 돌아오는 길에 다시 아주머니의 분식집을 들러 보았다. 혹시 아주머니가 있다면 또 어떤 가르침을 얻을 수 있을 것이라고 생각했기 때문이다. 다행히 아주머니는 그곳에서 열심히 김밥을 싸고 있었다. 24시간 운영하는 분식집이라서 그 늦은 밤에도 일을 하고 있는 모양이었다.

"아주머니, 저 또 왔습니다."

"어머, 초저녁에 보고 또 보네요."

"하하, 김밥 좀 사 갈까 하고 말입니다. 오늘 밤을 새서라도 준비할 자료가 있어서요."

"그래요? 어서 앉아요. 몇 줄이나 싸 드릴까?"

"석 줄만 주십시오."

"잠시만 기다려요. 금방 싸 줄 테니까."

그러고 나서 아주머니는 김밥을 싸기 시작하였다. 내가 와서 그런지 유난히 김밥 속을 꽉꽉 채우는 것 같았다.

"그나저나 아주머니. 늦은 밤인데 퇴근 안 하십니까? 내일은 또 여의도로 출근하셔야 되잖습니까?"

"아니에요. 내일부터 이틀간 비번이에요. 우리 같은 사람에게도 휴가가 있어요. 참, 조만간 그 일을 그만두고 여기 가게 일에 전념할까 해요. 그러면 더 자주 보게 되겠네요."

"아, 그러세요. 잘되었습니다. 마침 여쭈어 보고 싶은 것도 있었는데 말입니다. 저기, 그 김밥 여기서 먹고 갈게요."

"아, 그러면 잘라 드릴까?"

"예, 두 줄만 잘라 주십시오. 한 줄은 싸 주시고요."

나는 김밥을 먹으며 아주머니에게 저녁에 있었던 이야기들을 했다. 아이들이 식중독에 걸린 이야기, 아내의 마음을 상하게 한 일 등.

"아주머니, 솔직히 자괴감이 듭니다. 바른 태도를 지녀야 나비를 불러들이는 것은 확실한데, 그것이 쉽지 않을 것 같습니다. 오늘 저녁에만 해도 아내에게 화부터 내었단 말입니다. 이렇게 자기 자신의 태도도 바른 쪽으로 선택하지 못하는데, 어떻게 다른 사람에게 바른 태도를 선택하라고 말할 수 있겠습니까? 사실, 내일 회사에 가서 태도를 고쳐 보자고 발표를 하려고 했는데, 다 글렀습니다. 비웃음만 사게 생겼습니다."

내가 이렇게 솔직한 심정을 털어놓자, 아주머니는 김밥을 싸기 위해 끼었던 비닐 장갑을 벗어 놓고는 내 앞자리로 와서 앉았다. 같이 근무하는 다른 사람들은 흥미로운 듯이 나와 아주머니를 번갈아 쳐다보았다.

"참나, 꽃이 하루아침에 피어요? 꽃을 피우기 위해서는 씨를 심고, 물을 주어 길러야 해요."

"그럼, 좋은 태도가 하루아침에 만들어지지는 않는단 말씀입니까?"

"내가 얘기했잖아요. 화장실을 깨끗이 하는 데 시간이 걸렸다고. 그리고 내 태도를 바꾸는 데에도 시간이 걸렸다고. 변화는 조금씩 이루어지는 거예요. 꽃줄기가 자라 꽃이 필 때까지는 시간이 필요해요."

"그럼, 제가 어떻게 변하면 좋겠습니까? 정말 아내에게 제 자신이 똥으로 다가가고 싶지는 않습니다."

나는 이렇게 이야기하다가, 아차 싶어 입을 막았다. 옆에서 음식을 먹던 사람들마저 모두 나를 쳐다보았다. 내가 당황하자 아주머니가 웃으며 일어났다.

"자판기 커피 한 잔 같이 마실래요? 마침 나도 졸립네. 커피로라도 잠을 쫓아야지."

그렇게 나는 겸연쩍어하며 분식집을 나와 편의점에서 커피를 샀다.

"일단 아내 되시는 분에게 시간을 좀 더 달라고 하세요. 변화할 시간을 말이에요."

"이미 글렀습니다. 오늘, 아내는 제 손을 뿌리친 걸요."

"그건, 아직 가능성이 있다는 이야기예요. 아직 사랑이

남아 있어요. 사랑하지 않는다면 아예 무관심할 테니 말이에요. 울지도 않았을 거고 말이죠."

"정말 그렇게 되겠습니까?"

"그렇고말고요. 오늘이 넘어가기 전에 아내를 찾아가서 진심으로 사과하고 시간을 달라고 하세요."

"예, 그렇게 하겠습니다."

나는 김밥을 더 주문해서 아내에게 갔고, 화를 냈던 일에 대해 진심으로 사과를 했다. 시큰둥하던 아내는 내가 진심으로 말하는 것을 느꼈는지, 한 번만 더 기회를 주겠다고 하였다. 나는 약간 자존심이 상하기는 하였지만, 어쨌든 내 태도에 문제가 있는 것 같았기 때문에 고맙다고 말하였다. 그렇게 아이들을 아내에게 맡기고는 집으로 돌아왔다.

복잡계 내가 변하면 모두가 변한다

다음날 조회는 나의 발표로 시작되었다.

"저는 우리 전산실의 위기가 어디로부터 비롯되었고, 또 어떻게 이 위기를 헤쳐 나갈 수 있을지를 생각해 보았습니다. 앞으로 남은 약 6개월의 기간 동안에 우리가 구조조정의 물결에서 어떻게 살아남을 수 있을 것인가가 오늘 제가 발표하고자 하는 주제입니다."

나는 이렇게 서두를 꺼내고는, 준비해 온 발표 자료를 틀었다. 적당히 어두워진 회의실 한 편으로 컴퓨터에 연결된 영사기의 빛이 빛나고 있었다. 군청색 바탕에 일목요연하

게 정리한 문장들이 비추었다.

"조직은 사람들로 이루어져 있습니다. 전산실도 하나의 조직이고, 저를 비롯한 실원들로 이루어져 있습니다. 우리 전산실의 색깔을 만드는 것은 구성원들 각자입니다. 우리들 가운데는 파란색을 내는 사람도 있고, 빨간색을 내는 사람도 있습니다. 파란색을 내는 사람이 상대적으로 많으면 우리 부서는 전체적으로 파란색에 더 가깝게 보일 것입니다. 그 반대라면 빨간색에 가깝게 보일 것이고 말입니다."

나는 이렇게 설명을 시작하면서, 개인 개인의 태도가 어떻게 조직의 변화에 기여하는지를 설명하기 시작하였다.

"한 사람, 한 사람의 태도 자체는 그다지 큰 영향을 미치지 않을 수도 있습니다. 그러나 복잡계 이론에 따르면, 단지 세 가지 요소들이 서로 관계를 주고받기만 해도 요소들의 단순한 합 이상의 성질을 보인다고 합니다. 이것을 '삼체문제' problem of three bodies라고 합니다."

내가 이렇게 전문 용어를 조금 쓰자, 그새 실원들의 표정이 일그러졌다. 이공계 출신들이 많기는 하였지만, 난해한 과학 용어들에 질려하는 것은 인문계 출신들이 많은 조직과 별반 다르지 않았다. 하지만 나는 그것을 애써 무시하고 말을 이어 나갔다.

"모든 조직도 마찬가지입니다. 단, 세 사람만 엮여도 한 사람 한 사람의 성격과는 전혀 다른 조직의 성격을 보이게 됩니다. 이렇게 단순한 요소들의 합으로는 설명할 수 없는, 새로운 조직의 성질이 나타나는 현상을 '창발성', 즉 이머전시emergency라고 합니다."

또 하나의 난해한 과학적 용어를 말하자 이번에는 더욱 표정이 일그러졌다. 아나나 다를까, 이상돈 대리가 이의를 제기하고 나섰다.

"팀장님, 우리가 지금 과학 수업 받고 있는 겁니까?"

그러자 여기저기서 키득거리는 소리들이 들려 왔다. 나는 잠시 침묵했다. 어수선한 분위기를 가라앉히는 데에는 침묵만큼 좋은 도구도 없다.

채 1분도 되지 않아 실원들은 숨을 죽이며 긴장을 했다. 나는 내가 화가 나지 않았음을 보여 주기 위해 더욱 밝게 미소 지으며 설명을 이어갔다.

"이제부터 본론입니다. 우리 실원들 한 사람, 한 사람의 행동 규칙이 우리 전산실의 성격을 만들어 낸 것입니다. 조금 전에 말한 '창발성'의 원리에 따라서 말입니다. 그런데 지금까지는 우리 실의 성격이 부정적이었습니다. 왜 그랬을까요? 바로 실을 구성하는 실원들의 태도가 부정적이었기 때문입니다. 대표적인 예로 근무 시간에 사우나를 가는 문화를 들 수 있습니다. 구성원들 한 명 한 명의 나태한 태도가 우리 실에 사우나 문화를 만들어 낸 것입니다."

내가 이렇게 전산실의 잘못된 점을 지적하자 몇 사람이 소곤거렸고, 몇 사람은 고개를 떨구었고, 몇 사람은 "팀장은 안 그랬냐?"고 말하는 듯이 나를 빤히 쳐다보았다. 하지만 나는 용기를 내어서 다시 이야기를 이어 나갔다.

"마찬가지 원리로 우리가 바람직한, 그러니까 바른 태도를 유지하게 된다면 우리 실의 문화는 완전히 새롭게 바뀔 수 있습니다. 즉, 우리 각자의 태도 변화가 우리 실의 문화의 변화를 가져올 수 있다는 것입니다. 한 사람 한 사람의 행동 규칙들이 조직 전체의 입장에서 보면 거대한 변화를 가져오게 되어 있습니다. 아주 단순한 행동 규칙의 변화가 조직의 거대한 변화를 가져온다는 것입니다. 이것이 바로 '창발성'의 원리입니다."

나는 조직의 변화를 필연적으로 불러올 규칙의 변화, 그 것은 태도에서 비롯되어야 한다고 힘을 주어 말하였다.

"그렇다면 각 구성원이 따라야 할 규칙은 어떻게 만들어 져야 하겠습니까? 로봇의 행동 규칙은 프로그램으로 만들 어집니다. 로봇은 프로그래머가 입력한 규칙대로만 행동할 따름입니다. 동물들은 유전자에 새겨진 본능이 곧 그들이 따르는 규칙입니다. 그러나 사람은 다릅니다. 사람에게는 자유 의지free will가 있습니다. 그래서 스스로 규칙을 세우기 도 하고 무너뜨리기도 합니다. 즉, 자기 스스로 자신의 규 칙을 만들어 가는 것입니다. 마음속에서 선택한 규칙, 그것 이 바로 태도입니다."

나는 여기까지 말하고는 태도의 예를 다시 한 번 들어 보 였다.

"예를 들어 우리가 근무 시간에 사우나를 갈지, 아니면 자리를 지킬지는 태도에서 비롯됩니다. 우리가 나태한 태도를 선택한다면 우리는 사우나를 가게 될 것이고, 우리가 근면한 태도를 선택한다면 우리는 자리를 지키고 있을 것입니다."

내가 이렇게 말하자 전산실장과 팀장들, 그리고 몇몇 팀원들의 얼굴이 더욱 붉어졌다. 양심에 찔리는 것이 분명했다. 하지만 나는 거리낌 없이 계속 말을 이어 나갔다.

"사실, 저 자신도 바로 그런 나태한 태도를 지니고 있었습니다. 저도 여기 계신 몇 분들처럼 근무 시간에 사우나를 즐기기도 하고, 출장 기간 동안에 개인적인 여행을 즐기기도 하였으니 말입니다. 그런데 이 태도라는 것은 반드시 행동으로 나타나게 마련이며, 그 행동을 보고 다른 사람이 본받게 됩니다. 즉, 태도는 전염성이 있다는 것입니다. 이것도 역시 복잡계 이론에서 다루고 있는 문제입니다. 복잡계를 이루는 요소 하나의 변화가 주위의 다른 요소들에게 영향을 준다는 사실."

사실, 우리 전산실이 처음부터 이렇게 나태하지는 않았다. 그런데 언제인가부터 한두 사람이 사우나에 출입하더니, 이제는 거의 모든 구성원들이 사우나에 거리낌 없이 출입하는 상태가 되어 버렸다. 이것을 우리들은 '관행'이라고 여기고 있었다. '관행이니 괜찮다', '늘 해 오던 방식인데 뭐가 문제냐', '남들도 다 하는데 나라고 못할 것은 없지 않느냐'는 식으로 생각해 왔던 것이다. 나는 이런 요지의 말을 덧붙이고 나서, 결론을 내렸다.

  "결론적으로 말씀드려서, 우리 전산실 구성원 각자의 태도가 중요합니다. 부정적인 태도이든 긍정적인 태도이든 반드시 전염되게 마련이며, 시간이 흐르면서 그것은 관행으로 굳어져 버립니다. 그리고 그런 관행이 조직 문화를 이루고, 그런 조직 문화가 우리를 위기에 빠뜨린 것입니다. 결론적으로 지금, 우리 전산실의 위기도 바로 이 부정적 태도에서 비롯되었다고 생각합니다. 우리에게 있었던 부정적 태도를 발견하고, 그것을 긍정적 태도로 바꾸어 나가는 것을 깊이 있게 토의해 보아야 한다고 생각합니다."

여기까지 결론을 지었지만, 뭔가 빠진 것 같아 허전하다는 생각이 들었다. 밤샘하며 발표 자료를 준비하였는데도 불구하고, 분명 뭔가가 빠져 있었다. 바로 그때 이상돈 대리가 큰 소리로 질문을 했다.

　"팀장님, 그건 교과서적인 얘기 아닙니까? 태도를 바꾼다고 해서 전산실이 바뀔 것이며, 전산실이 바뀐다고 해서 구조조정의 위기를 넘길 수 있을 것이라고 믿으십니까? 세상이 그렇게 도식적인 방식으로 흐를 만큼 단순할까요?"

　나는 이상돈 대리와 같이 반격할 사람이 있을 것이라는 것을 예상했었다. 그리고 바로 그런 질문에 대한 대답이 바로 내가 빠뜨리지 말아야 할 것이었다. 나는 아주머니에게 배운 비유를 들어 대답하였다.

　"저 또한 세상이 단순하다고 보지 않습니다. 복잡한 것이 세상입니다. 그러니 복잡계 이론을 원용한 것입니다. 복잡계 이론에 의하면, 작은 변화가 큰 변화를 불러온다고 합니다. 즉, '북경에 있는 나비의 날갯짓이 뉴욕에 폭풍을 불러온다'는 잘 알려진 말이 그것입니다."

내가 이렇게 학술적인 개념을 동원하자 모두 쥐 죽은 듯이 조용해졌다. 나는 용기를 얻어 비유를 들어가며 다시 설명하기 시작하였다.

"그런데 그 나비를 누가 불러올 것입니까? 바로 꽃입니다. 꽃이 나비를 부르고, 똥이 파리를 부릅니다. 우리들의 태도를 바꿈으로써 우리는 똥에서 꽃으로 변할 수 있습니다. 우리가 꽃으로 변하면, 우리 전산실에서는 나비의 날갯짓이 시작될 것입니다. 그리고 그 날갯짓이 회사에 폭풍을 불러올 것이라고 봅니다."

여기까지 말하고 나서 나는 며칠 간 청소부 아주머니와 있었던 이야기를 간단하게 전하였다. 그러고 나서 나는 다시 한 번 변화를 강조하였다.

"아주머니의 변화처럼, 우리도 변화할 수 있습니다. 아주머니가 변화하여 화장실이 변하고, 상가가 변한 것처럼 우리도 그렇게 변화하면 전산실이 변하고, 회사가 변할 것이라고 믿습니다."

그러자 이번에는 전산실장이 나서서 질문을 던졌다.

"좋아요, 한 팀장! 우리들 각자가 꽃으로 변하면 나비가 저절로 찾아온다는 것. 그리고 마침내 우리들이 있는 이곳을 꽃과 나비로 이루어진 동산으로 만들 수 있다는 것. 그러니까 우리들의 바른 태도가 긍정적인 문화와 좋은 조직 상태를 만들어 낸다는 것. 아주 좋은 이야기예요. 그렇다면 우리들 각자가 꽃으로 변하기 위한 방법론은 있어요?"

나는 공 실장의 질문이 너무나 고마웠다. 나의 주장을 수긍하는 한편으로, 변화에는 방법이 필요하다는 것을 정확히 짚어 주었기 때문이다.

"예, 있습니다."

이렇게 말하고는 보조 자료로 준비한 슬라이드를 펼쳐 보였다.

"이것은 그 청소부 아주머니의 화장실 점검표입니다. 이 점검표대로 꾸준히 점검해 나가다 보니 화장실이 변화하였다고 합니다."

그러고 나서 나는 슬라이드를 바꾸었다.

"그리고 이것은 바로 그 아주머니의 태도 점검표입니다. 아주머니는 화장실 점검표에서 아이디어를 얻어 이 태

도 점검표를 만들었다고 합니다."

여기까지 말하자, 전산기획팀장이 나서서 아는 체했다.

"어라? 저것은 미국 건국 당시의 유명한 정치가였던 벤자민 프랭클린의 자기 태도 점검표와 비슷합니다. 프랭클린도 저런 식으로 자기가 갖추어야 할 미덕 13가지를 점차 갖추어 갔다고 하지 않았습니까?"

나는 미소를 지으며 자신 있게 대답하였다.

"그렇습니다. 바로 이 태도 점검표를 사용하여 구성원들의 태도를 바꾸어 가는 것은 충분히 검증된 방식입니다. 프랭클린과 청소부 아주머니가 검증하였고, 우리가 모르는 수많은 사람들이 바로 이 방식을 따랐을 것입니다. 그러니 우리가 꽃으로 변화하기 위한 방법론은 이미 준비된 셈입니다. 우리는 그저 이 칸들을 채우기만 하면 되는 것입니다. 즉 우리가 갖추어야 할 미덕, 다시 말해 바른 태도가 무엇인가를 찾고 그 다음에 그것을 매일, 또는 주간 단위로 점검해 나가는 일만 남았을 뿐입니다."

여기까지 말하자, 공 실장이 박수를 치며 말하였다.

"아주 좋아요. 뭔가 확실하게 변할 수 있을 것 같아. 사실, 나도 사우나 문제를 이야기할 때는 뜨끔했어요. 하지만 스스로도 그것이 잘못된 일인 줄은 알아. 그저 습관이 되다 보니……. 그나저나 우리 전산실의 문제가 바로 우리들의 태도에서 비롯되었다는 데에는 동의해요. 어쩌면 다른 부서가 우리들을 아니꼽게 바라보는 이유도, 다름 아닌 우리들의 태도 문제일 수도 있어요. 예를 들면 타 부서 위에 군림하려는 태도나 다른 부서가 제안하고 협조를 요청해 오는 일에 대해서 무시하는 태도 같은 것 말이죠."

여기까지 말하고 공 실장은 숨을 들이켰다. 그리고 좌중을 모두 한 번씩 바라본 다음에 지시 사항을 내렸다.

"이제 우리가 어떤 태도를 갖추어야 하는가를 토의해야 한다고 봅니다. 나는 일단 일이 있어 나가야 하지만, 여기 있는 실원들은 이 일을 우선순위로 놓고 토의해 보세요. 늦어도 오늘 저녁 책상 위에는 우리 실원들이 갖추어야 할 태도를 보고서 형태로 준비해 놓기 바랍니다. 그 일은 한 팀장이 맡아서 하세요."

그리고 공 실장은 자리를 비웠고, 우리는 오전 내내 어떤 태도를 갖추어야 할지를 토론하였다.

"참나, 바빠 죽겠는데 갑자기 토론회가 뭐람?"

내가 토론회를 준비하는 동안에 여기저기서 뜬금없는 토론회를 한다고 불평하는 목소리들이 나왔다. 나는 그것을 보면서, 참으로 우리들의 태도에 문제가 많았다는 것을 느꼈다. 나는 속이 부글부글 끓었지만, 꾹 참고 다가가 조용히 달랬다.

"자자, 그러지 말고들. 오늘만큼은 긍정적인 태도를 지녀

봅시다."

우리는 그렇게 토론회를 시작하였다. 우리가 그동안 어떤 바람직하지 못한 태도를 지녔는지부터 살펴보기로 하였다. 그러나 모두 쭈뼛대기만 할 뿐, 선뜻 나서서 말하는 사람이 없었다. 분위기로 보아서는 그렇게 말하는 사람이 왕따 당할 것만 같았다. 모두가 다 진흙탕 속에 있으면서, 한 사람만 나서서 그 진흙탕이 더럽다고 말하는 꼴이 될 터였기 때문이다. 나는 그래서 화제를 돌리기로 하였다.

"아무래도, 우리가 스스로 바람직하지 못한 태도를 발견하는 것은 어려울 것 같습니다. '중이 제 머리 깎지 못한다'는 말이 있는 것처럼 말입니다. 그러니 이번에는 반대로 우리가 어떤 바람직한 태도를 지녔으면 하는지에 대해서 이야기해 보았으면 합니다."

이렇게 방향을 바꾸어서 이야기를 시작하자, 처음에는 머뭇대던 사람들도 저마다 나서서 의견을 보이기 시작하였다. 제일 먼저 나선 것은 외향적인 성격의 이상돈 대리였다.

"제 생각에는 말입니다. 우선, 외부 부서와 협조가 더 잘 이루어져야 한다고 생각합니다. 얼마 전에 경영기획실에서 요청해 온 프로젝트의 경우에는 아직 기획도 시작하지 않았지 않습니까? 그런 것 때문에 기획실이 우리 부서를 아니꼽게 보는 것이고요. 더구나 기획실이 구조조정 칼자루까지 쥐었으니 우리가 표적이 될 것은 더욱 확실하지 않습니까?"

그러자 전산기획팀장이 나서서 변명을 하였다.

"아니, 그 기획 건은 말이야. 일부러 미루려고 한 것은 아니고 말이야."

나는 토론이 이상한 방향으로 흘러갈 것 같은 분위기를 눈치 채었다. 이렇게 변명들이 이루어지기 시작하면 토론은 엉망이 될 것이었다. 그래서 나는 기획팀장의 변명을 일단 제지했다.

"자자, 오늘은 누가 잘하고, 잘못하고를 떠나서 우리 모두가 갖추어야 할 바람직한 태도에 대해서만 이야기해 봅시다. 그러니까 이상돈 대리의 말은 협조하는 태도를 갖추어야 한다는 이야기지요?"

내가 말을 돌리기 위해 다시 이상돈 대리에게 시선을 옮기자, 그가 몇 가지 태도를 더 제안하였다.

"예, 맞습니다. 그리고 그것뿐이 아닙니다. 사실 사우나 이야기가 나왔으니까 하는 말인데, 전 그래서는 안 된다고 생각합니다. 예, 저도 사실 몇 번 다녀왔습니다. 안 가면 왕따 당할 것 같은 분위기였으니까요. 심지어 어떤 사람은 제게 '너무 깨끗한 물에는 고기가 살지 못한다'며 나무라기까지 하였습니다. 그런 분위기가 만연해 있는 것이 문제라고 봅니다. 그것뿐이 아닙니다. 제가 이제 갓 신입사원 티를 벗고 대리라는 직함을 달았지만, 여기저기 모순적인 일들이 한두 가지가 아닙니다. 심지어 전산기획팀, 개발팀, 시스템운영팀 사이에도 협조가 이루어지지 않고 있습니다. 그리고 우리 전산실의 자부심이 지나친 것도 문제라고 봅니다."

이렇게 이상돈 대리는 거침없이 문제점들을 내기 시작하였다. 처음에 멍석을 깔아 줄 때에는 이야기를 못하더

니, 긍정적인 태도만을 이야기하자고 하니까 우리들의 부정적인 태도들을 거침없이 드러내었다. 모두의 심기가 불편해지는 듯했다. 나는 다시 한 번 더 긍정적인 태도만을 이야기하자고 부탁하였고, 부정적인 이야기를 제지해 가며 회의를 진행하였다. 그렇게 오전 회의가 끝나 갈 무렵에 우리가 갖추어야 할 바람직한 태도들이 여러 가지로 정리되었다.

타 부서와 협조하기, 팀들 간의 의사소통에 힘 쓰기, 근무 시간에는 일에만 힘 쓰기, 다른 부서원을 배려하기 등등으로 수십 가지가 기록되었다. 막상 이렇게 갖추어야 할 바람직한 태도들이 너무 많이 나타나자, 우리가 과연 그것들을 지킬 수 있을 것인가라는 의문마저 들었다.

"쳇, 말로는 무얼 못해? 우리가 저걸 다 지킬 수 있다고 보십니까?"

아니나 다를까, 이런 불평들이 다시 쏟아져 나왔다. 나는 잠시 회의를 중지시켰다.

"자, 일단 오전 회의는 이것으로 끝냅시다. 마침 점심 시간이 가까워졌으니, 오후 회의는 2시에 다시 시작하는 것으로 하겠습니다. 그 동안 좋은 생각들이 있으면 정리들 해 보십시오. 그리고 다른 팀장님들은 저와 같이 몇 가지 이야기를 더 나누었으면 좋겠습니다. 잠시만 자리를 지켜 주십시오."

그렇게 팀장을 제외한 모든 부서원들이 나갔고, 우리 팀장급들은 모여서 회의를 계속하였다.

"이봐, 한 팀장! 뜻은 좋은데 말이야, 우리가 그것을 실천할 수 있을까? 저렇게 많은 태도들을 어떻게 다 익혀 나갈 수 있겠어?"

선배 되는 운영팀장이 이렇게 말을 꺼냈다.

"선배님, 분명히 좋은 변화가 올 것입니다. 저를 믿어 주십시오. 저, 그러지 마시고 저하고 같이 청소부 아주머니를 만나시면 어떻겠습니까?"

나는 어쩌면 청소부 아주머니가 우리가 당면한 문제들에 대해서 또 다른 조언을 해 줄 수 있을지도 모른다는 생각을

하였다. 나는 바로 전화를 꺼내어 아주머니에게 연락하여
보았다. 다행히 아주머니는 오전 퇴근을 미루고 아직 상가
에 있다고 하였다. 나는 점심을 대접하겠노라고 말하며 아
주머니를 찾아가겠다고 하였고, 아주머니는 흔쾌히 허락하
였다.

팀장들과 나는 아주머니를 찾아갔고, 전산기획팀장과 운
영팀장은 화장실과 상가를 보고 적잖이 놀랐다.

"이야, 정말 한 팀장 말대로군. 완전히 꽃 같은 화장실이
야. 더러워질까 두려워서 오줌도 제대로 못 누겠군."

입사 동기인 김 팀장이 이렇게 너스레를 떨었다. 그때 아
주머니가 다가왔고, 우리는 아주머니를 모시고 식당으로
갔다. 그리고 지금까지 회의했던 이야기들을 전해 주었다.

"저, 아주머니. 그렇게 회의는 시작하였는데, 생각보다
우리가 갖추어야 할 태도가 많은 것 같습니다. 그러니까 우

리들의 행동 규칙이 너무 많다고나 할까요? 어떻게 하면 좋겠습니까?"

이렇게 내가 아주머니에게 우리들의 문제를 하소연하자 아주머니는 빙그레 웃으며 자신의 경험을 이야기해 주었다.

"화장실을 점검할 사항은 수십 가지나 되요. 처음부터 그것들을 모두 점검하기에는 벅찰 수 있어요. 그래서 나는 제일 중요한 것부터 하나씩 고쳐 나가자고 생각했지요. 화장실에서 가장 중요한 것은 휴지통을 비우는 것이죠. 휴지를 수시로 비우기만 하여도 사람들이 휴지를 함부로 버리지 않아요. 그러면 청소할 사항이 줄어드는 거예요. 그러니까 지금 당장 꼭 필요한 태도 한 가지만을 생각해 보세요."

점심 식사는 생각보다 빨리 끝났다. 점심 시간이 끝나려면 아직 40분이나 남았다. 아주머니가 시계를 보더니, 갑자기 제안을 하였다.

"그러지 말고 우리 볼링이나 한 게임 할까요?"

"볼링이요?"

우리들은 모두 어안이 벙벙한 채로 이렇게 되물었다. 아주머니는 여전히 미소를 지으며 우리들을 재촉했다. 아주머니와 함께 간 볼링장은 화장실이 있는 상가 건물의 4층에 자리잡고 있었다. 볼링장에는 많은 사람들이 모여 있었다. 우리들은 각자 공을 고르고, 볼링화를 빌려 신었다.

"아주머니, 딱 한 게임만 하는 겁니다. 사실, 저희가 오늘부터라도 근무 시간에는 근무에 충실하려고 하거든요."

"호호호, 그거 좋은 태도네요. 한 게임 끝나는 데 20분도 걸리지 않을 걸요? 시간은 충분해요."

아주머니가 첫 번째 공을 집어 들고 볼링 레인 위로 던졌다. 공은 매끄럽게 레인 위를 굴러가더니 볼링핀 모두를 쓰러뜨렸다.

"스트라이크!"

우리는 모두 기뻐하며 아주머니와 손뼉을 마주 쳤다. 마치 오랫동안 만나온 친구들처럼 그렇게 금세 친해진 듯하

였다. 이윽고 아주머니가 다시 공을 잡고 또 굴렸다.

"스트라이크!"

또 스트라이크였다. 이제 한 번만 더 스트라이크를 기록하면 터키가 된다. 나는 아주머니의 공 던지는 모습을 주의 깊게 살펴보았다. 아주머니의 자세는 무척 안정되어 있었다.

"스트라이크!"

"와, 아주머니! 터키예요, 터키."

기획팀장이 마치 자기가 터키라도 기록한 양 기뻐하며 뛰었다. 다른 줄에 있던 사람들이 우리를 향하여 박수를 쳐 주었다. 아주머니는 자리에 앉아 음료수를 마시며 우리들을 향하여 이렇게 말하였다.

"내가 잘살았을 때는 나도 볼링을 많이 즐겼죠. 뭐, 한때는 골프도 즐기기는 했지만. 어쨌든 볼링을 조금 할 줄 알아요. 그런데 좋은 점수를 얻으려면 말이죠. 저 5번 핀 있죠. 볼링 핀들 한가운데에 있는 것. 그것을 '킹 핀'이라고 불러요. 킹 핀을 쓰러뜨리려면 1, 3번 핀이나 1, 2번 핀을 쓰러뜨릴 수밖에 없고, 또 킹 핀이 쓰러지면 나머지 핀들도 자연스럽게 쓰러지죠."

여기서 한숨을 고른 아주머니는 내 눈을 바라보며 다시 이야기를 하였다.

"지난번에 우리 가게에 왔을 때 한 이야기 기억나요? 우리 가게에서는 친절한 태도를 갖추도록 하고 있어요. 친절한 태도를 갖추려면 음식점을 깨끗하게 할 수밖에 없고, 음식을 식탁에 놓을 때도 주의하게 되지요. 음식도 맛있게 만들 수밖에 없고요. 친절한 태도가 음식점에서는 '킹 핀'인 셈이에요. '킹 핀'을 쓰러뜨리면 나머지는 자연스럽게 같이 쓰러져요. 그러니 너무 많은 태도를 고치려고 하지 말고, 제일 중요한 것, '킹 핀'이 될 만한 것 하나를 찾아서 먼저 그 태도를 갖추어 보세요."

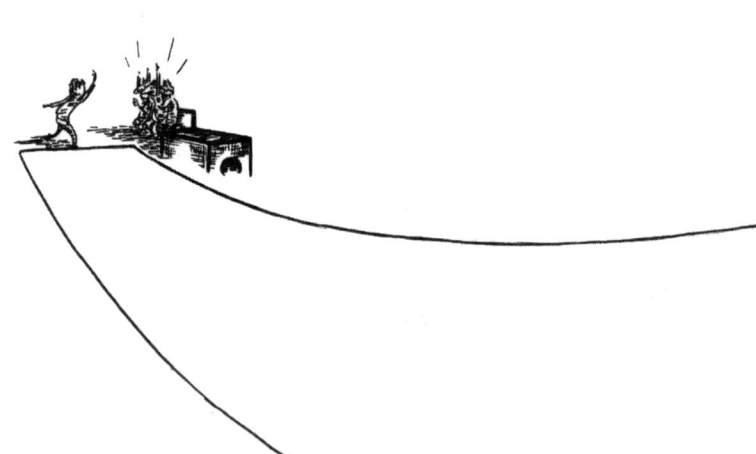

우리는 돌아오는 길에 아주머니의 비유가 제법 훌륭하다는 생각을 주고받았다. 나는 아주머니가 독실한 기독교 신자이기 때문일 것이라고 말해 주었다. 그러자 운영팀장이 한마디 거들었다.

"음, 《성서》에는 아주 많은 비유와 상징들이 나타나지. 《성서》를 많이 읽다 보면 그렇게 비유하는 법에 익숙해지는 것 같아."

오후 2시에 다시 회의가 시작되었다.

"자, 오전에는 우리가 갖추어야 할 바람직한 태도들을 생각해 보았습니다. 하지만 우리가 갑자기 그런 모든 태도들을 갖출 수는 없을 것입니다. 그러니 가장 중요한 태도를 하나 골라 봅시다."

이렇게 말하고는 아주머니가 알려 준 대로 '킹 핀'에 비유해서 한 가지 핵심 태도에 집중해야 하는 이유를 설명해

주었다. 그러자 모두들 제법 진지해졌고, 오랫동안 토론한 끝에 우리는 한 가지 태도를 정하였다. 그것은 바로 '적극적인 태도'였다.

"우리가 적극적인 태도를 갖추게 된다면, 구조조정 문제에 있어서도 더 적극적으로 나설 수 있을 것입니다. 마찬가지로 적극적인 태도로 업무에 임한다면, 함부로 시간을 낭비하는 일도 없을 것입니다. 또, 적극적인 태도로 타 부서가 요청한 일들을 처리한다면 그들이 우리 부서를 아니꼽게 볼 일도 없을 것입니다."

적극적 태도를 '킹 핀'으로 삼자고 주장한 이상돈 대리는 달변가라도 된 듯이, 그것이 얼마나 유익한 것인가를 쉬지 않고 설명했다. 부서원들은 모두 이상돈 대리의 말에 동의한다는 듯이 고개를 끄덕였다. 나는 결론을 짓고 이렇게 말했다.

"좋습니다. 그럼, 우리는 앞으로 최소한 6개월 간 적극성을 갖추도록 훈련하기로 하겠습니다. 그 훈련을 위해 점검표를 만들어 모두의 책상에 달아 놓겠습니다. 그리고 오늘 회의 결과를 그대로 실장님에게 보고하겠습니다."

나는 그날 퇴근 시간 전에 공 실장에게 보고를 하였고, 공 실장은 흡족한 듯이 결재를 해 주었다.

"좋아요, 한 팀장. 줄기차게 밀고 나가 봐. 이미 우리는 루비콘Lubicon 강을 건넜어. 어차피 주사위는 던져진 거야. 6개월 동안 우리 각자가 변하고, 한 팀장 말대로 창발성이 일어나 전산실까지 변하여서 우리가 살아남을 수 있을지는 모르겠지만, 최소한 변화를 일으켜 볼 필요는 있겠지."

학사장교 출신답게 공 실장은 시저Gaius Julius Caesar의 말을 인용하며 내게 힘을 실어 주었다. 나는 결재를 받은 즉시, 태도 점검표를 만들어 출력한 후 팀별로 배부해 주었다. 각 팀은 그 후로 매주 5일 동안 점검표를 기록한 후에 금요일 퇴근 시간 전에 평가 회의를 하였다.

나는 오랜만에 홀가분한 기분을 느꼈다. 무어랄까. 강물에서 빠져 나올 수 있는 구명 튜브를 하나 잡았다는 느낌이랄까. 그런 느낌이 강하게 내 가슴 속에 머물러 있었다.

오늘 우리는 적극적이었습니까?

부서 : 전산실 시스템 운영팀   20xx년 x월 셋째주

직위	이름	월	화	수	목	금	주간 총평
팀장	오성일	X	X	△	△	X	X
대리	김민수	X	△	△	X	△	X
대리	이상돈	X	△	△	X	○	△
사원	홍인호	△	△	X	X	○	△
부서장 총평		X	△	△	X	△	△

퇴근 시간이 한참이나 지났지만, 나는 책상에 앉아 한참을 이런저런 생각들을 하였다. 그리고 혼잣말을 하였다.

"흠, 이젠 우리 집도 강물에서 빠져나와야 할 차례겠지."

나는 아내와의 관계에 있어서도 무언가 바람직한 태도를 정해야겠다고 생각했다.

"아내를 대하는 바람직하지 못했던 태도가 무엇인지는 나도 모르겠어. 중이 제 머리는 못 깎는 법이니까. 하지만 무엇이 바람직한 태도인지는 알 것 같아. 사랑하는 것, 관

심을 가져 주는 것, 화를 내지 않는 것, 직장 평계를 대지 않는 것. 그러고 보니 갖추어야 할 태도가 많기는 우리 집도 마찬가지구나."

나는 독백하듯이 말하며 바람직한 태도들을 종이에 쭈욱 써 보았다. 그리고 그중에서 '킹 핀'으로 고른 태도는 바로 '관심'이었다.

"사랑은 관심에서 시작되는 것이고, 관심이 사랑보다는 구체적이니 이게 좋을 것 같아. 관심을 가지게 되면 아무래도 아내가 원하는 게 무언지도 알 수 있게 될 거고 말이야."

나는 여전히 독백하며 나의 태도 점검표를 하나 만들었다. 그리고 나는 자랑스럽게 태도 점검표를 가지고 병원에 있는 아내를 찾아갔다.

"여보, 애들은?"

"참나, 관심 있는 척하네요."

"좀 그만 하자. 관심 있으니까 퇴근하자마자 달려왔잖아."

"퇴근하자마자요? 지금이 몇 시인 줄 알아요?"

"미안해. 회사에 일이 있어서 그랬어."

"또, 회사 핑계 대네요."

나는 여전히 싸늘하게 반응하는 아내를 보며 힘이 빠져 버렸다. 나는 기껏 내 태도를 고치겠노라고 준비하여 왔건만, 아내는 전후사정도 묻지 않은 채로 내게 독침을 쏘고 있었다. 그러나 내가 화를 내기 시작한다면 우리의 관계도 물거품이 될 것이 분명했다. 나는 우선 화제를 돌려 보려고 했다.

"혹시 저녁 먹었어? 나는 아직 저녁 식사 전인데, 안 먹었으면 같이 저녁이라도 먹으러 가지. 마침 애들도 자고 있는데."

내가 이렇게 강하게 권하자, 아내는 못 이긴 듯이 따라 나왔다. 나는 저녁 식사 자리에서 내가 만든 점검표를 꺼내 보여 주었다.

" '중이 제 머리 깎지 못한다'는 말이 있지. 그래서 그런지 내가 무얼 잘못했는지, 그러니까 어떤 태도가 문제인지 잘 모르겠어."

내가 이렇게 이야기하자, 아내는 실망하는 표정을 지으

며 숟가락을 내려놓았다. 나는 아내가 말할 틈을 주지 않고 이야기를 계속해 나갔다.

"하지만 말이야. 최소한 어떤 태도가 바람직한 것인지는 알 것 같아. 그래서 내 스스로 바람직한 태도를 갖추어 보려고 노력할게. 우선 당신과 아이들에게 관심을 더 기울이려고 해. 한 번에 다 잘할 수는 없겠지. 하지만 최소한 이것 하나는 약속할 수 있어. 매일, 매주 내가 가족들에게 관심을 주는지를 점검하려고 해. 이것 봐. 내가 만든 점검표야."

그렇게 말하고 나는 점검표를 아내에게 건네 주었다. 아내는 불쾌한 표정으로 점검표를 받아 보았다. 그리고는 한참을 뚫어지게 쳐다보더니 울먹이기 시작하였다.

"당신, 왜 그래?"

내가 이렇게 물었지만 아내는 여전히 울기만 하였다. 옆 사람들이 우리 부부를 쳐다보았지만, 나는 그런 것 따위는 개의치 않았다. 그렇게 한참을 울고 난 아내가 입을 열었다.

"내가 뭔데 당신을 이렇게 비굴하게 만들었는지 모르겠어요. 나도 내가 왜 이렇게 당신한테 신경질을 부리는지 모

나는 아내와 아이들에게 뜨거운 관심을 기울인다.

구분	월	화	수	목	금	토	일	주간 총평
1주								
2주								
3주								
4주								

르겠어요. 당신 말대로 관심이 필요했나 봐요."

아내는 내가 점검표까지 만들어 가며 아내의 마음을 사려고 하는 것이 못내 안쓰러워 보인 모양이었다.

"아니야. 이건 내가 스스로 결정한 일인 걸. 내게 시간을 좀 줘요. 내가 꽃으로 피어날 시간이 필요해. 지금까지 똥 같은 내 태도에 식상했겠지만 조금만 더 참아 줘요."

내가 이렇게 말하자 아내는 눈물을 닦으며 웃음을 지어 보였다.

"당신도 참, 초등학생도 아니고 이런 점검표는 왜 만들었어요?"

"아니야. 이렇게 하지 않으면 늘 좋은 태도를 선택하는 습관이 들지 않기 때문이야. 나 스스로를 점검하지 않으면 안 되기 때문이야. 이건 어른에게도 꼭 필요한 일이야."

그렇게 나는 아내를 향한 주사위를 던졌고, 성공적으로 루비콘 강을 건널 수 있었다. 이제 로마를 점령하는 일만 남았다. 내가 꽃으로 변하는 일. 그래서 가정의 분위기를 변화시키는 일. 그것이 내가 점령해야 할 로마였다.

아내와 나의 관계가 회복되어 가는 한편으로, 전산실 직원들도 많이 변했다. 처음에는 그다지 변화한다는 것을 스스로들 알지 못하였다. 그렇게 3개월 정도가 흐르자, 여기저기서 칭찬하는 목소리가 들려왔다.

"전산실이 많이 달라졌어."

"살아남으려고 발버둥 치는 거죠, 뭐."

"그래도, 그렇게라도 변하는 게 어디야? 우리 부서는 달라진 것도 없는데. 이대로 가다가는 우리가 구조조정 1순위가 되겠는걸."

우리들의 태도가 변하자, 우리 부서를 대하는 다른 부서의 태도도 달라졌다. 우리들이 적극적으로 회사에서 필요로 하는 일들을 찾아내어 전산화하자, 그들도 우리 부서가 하는 일에 적극적으로 협력해 주기 시작하였다. 기획실마저도 아니꼽게 보던 태도를 바꾸었다. 우리는 그렇게 적극적인 태도를 계속 유지하여 나감으로써 결국 겸손한 자세라든가, 다른 부서를 배려하는 자세 같은 것도 자연스럽게 갖출 수 있게 되었다.

그렇게 6개월이 지났다. 마침내 강 본부장과 약속한 시간이 되었다. 우리는 그동안에 쌓은 전산실의 실적표를 들고 강 본부장을 찾아갔다. 내가 발표자가 되어 그동안 우리가 어떻게 변화해 왔고, 그렇게 변화하게 된 덕분에 어떤 실적들을 쌓게 되었는지를 낱낱이 밝혔다. 그리고 나는 마지막 말을 이렇게 마무리하였다.

　"우리는 치워질 뻔한 똥이었습니다. 지금도 우리 아닌 타자는 우리를 똥으로 보고 있는지도 모르겠습니다. 하지만 우리는 치워지지 않기 위해서 꽃으로 변화하였습니다. 덕분에 이제는 나비들이 날아들고 있습니다. 타 부서와 협력도 잘 이루어지고 있으며, 여러 가지 눈에 띄는 실적들을 쌓아 왔습니다. 우리가 변화함으로써 다른 부서들도 조금씩 변화하고 있습니다. 우리는 변화의 상징인 나비를 불러들인 것입니다. 우리가 꺾여 시들어 버리는 꽃이 될지, 아니면 나비를 지속적으로 불러들이는 꽃이 될지는 모르겠습니다. 하지만 이것 하나만은 자신 있습니다. 우리가 꽃이 됨으로써 다른 부서들도 꽃이 되어 가고 있다는 것을 말입니다."

나는 이렇게 우리 부서를 꽃에, 그리고 우리를 바라보는 강 본부장과 회장을 타자에 비유하며 이야기를 끝맺었다. 그리고는 강 본부장의 표정을 살피기 시작하였다. 강 본부장은 약간 불쾌한 표정을 짓더니 이렇게 말을 하였다.

"좋아요, 좋아. 전산실이 아주 훌륭한 꽃으로 변하였구만 그래. 하지만 내과적으로 건강해졌다고 해도, 비대해진 몸은 그대로예요. 전산실이 지금까지 해 온 것은 내과 치료라고 볼 수 있어요. 하지만 나는 부담스러운 체중을 줄여야

할 책임이 있어요. 전산기획팀이 좋은 사례가 되겠지. 외과 수술을 해야 한다는 말이오. 당신들이 이미 6개월 전에 나에게 칼자루를 주었으니, 아직도 칼을 휘두를 권한은 내게 있다는 말이요."

강 본부장의 날카로운 말이 끝나기가 무섭게, 회의실은 술렁거리기 시작하였다. 특히, 구조조정 대상으로 명백히 지목된 전산기획팀원들의 얼굴은 사색이 되었다. 강 본부장은 지금 구조조정에 착수하겠다는 것을 선언하고 있는 것이라고 보았기 때문이다. 바로 그때 기획실장이 나섰다.

"본부장님, 제 생각에는 이렇습니다. 신체 건강하고 체중이 많이 나가는 사람이라면 씨름이나 유도 또는 레슬링을 시키면 되지 않겠습니까? 꼭 100미터 달리기와 같은 육상 종목에서만 1등 할 필요는 없지 않겠습니까? 씨름판에서도 1등을 할 수만 있다면 나름대로 의미가 있는 것이 아니겠습니까?"

기획실장이 한 말의 의미는 간단했다. 군이 감량 경영을 하기 위해 구조조정을 하지 말고, 차라리 바른 태도를 지니게 된 우수한 인력들을 잘 활용할 방안을 찾자는 의미였다. 그러나 기획실장의 말은 강 본부장을 더 불쾌하게 만든 듯했다. 자기의 직속 부서인 기획실이 그렇게 자신의 등 뒤에서 비수를 들이댈 줄은 몰랐던 모양이었다.

그러나 내 생각에 기획실은, 우리 부서와 다툼은 있었지만 어차피 한솥밥을 먹으며 계속 회사를 유지해 나가야 할 책임이 있는 부서였다. 반면에 강 본부장은 구조조정이 끝나면 또 떠나갈 사람이었다. 기획실장은 그것을 잘 알고 있는 듯했다.

"허허."

강 본부장은 어이가 없는 듯 빈 웃음을 짓고는 자리를 박차고 일어났다. 우리는 괜한 심기를 건드린 듯 보여 불안했지만, 기획실장이 우리 편을 들어준 데 대해서는 고맙다는 생각이 들었다. 나는 기획실장 옆을 지나며 한마디 건넸다.

"고맙습니다. 아주 훌륭한 비유였습니다."

그러자 기획실장이 내 어깨를 치며 이렇게 말하였다.

"아무리 체중이 나가도 태도만 바르다면 씨름판에서도

1등을 할 수 있고, 개그맨으로도 크게 성공할 수 있지 않겠어? '태도가 바르면 어디 내놔도 잘되는 법'이지. 내가 어릴 때부터 부모님께 들었던 말이야."

아마도 씨름판에서 성공하여 천하장사가 되었다가 개그맨으로 성공한 모 씨를 염두에 둔 발언인 듯했다. 하지만 그것은 비유였다. 우리가 구조조정을 통해 감량하지 않아도 얼마든지 성공적인 기업으로 남아 있을 수 있다고 확신하는 듯했다.

그날 밤, 기획실장이 회장을 독대했다는 소문이 돌았다. 며칠 뒤 구조조정본부장이 타 회사로 옮겨 간다는 소식이 들려왔다. 얼마 있지 않아서 구조조정본부는 해체되었고, 다시 회사는 평온한 상태로 돌아갔다.

다만, 예전과 다른 점이 있다면 회사를 구성하는 사원 각자가 꽃이 되었다는 점일 것이다. 우리는 태도 점검표를 모든 부서에 공급하고, 저마다 바른 태도를 찾도록 노력하였다. 그러자 각 부서들이 가장 절실하다고 느껴지는 핵심 태도를 정하여 그것을 갖추고자 노력하였다.

그렇게 모든 부서들은 꽃이 되어갔다. 부서들이 꽃이 되자 온갖 나비들이 날아들었다. 고객들의 클레임은 크게 줄어들었고, 제품에 대한 평들이 좋아졌다. 불량률도 줄어들었을 뿐만 아니라, 신규 사업 개척도 수월하게 이루어졌다. 회사는 점점 번성하여 갔다. 나비들 덕분에 수정이 잘 이루어져 더 많은 씨를 퍼뜨릴 수 있었던 것이다.

얼마 후에 나는 기획실장을 만나, 회장과 독대할 때에 나누었던 대화 내용을 알 수 있게 되었다.

"그날 말이야. 사실 나는 독대하지 않았네. 전산실장과 같이 회장님을 찾아갔지. 그리고 자네 부서를 통해서 듣게 된 이야기들을 하나도 남김없이 말씀드렸지. 심지어 자네가 알게 되었다는 그 화장실 아주머니 이야기까지 말이야. 나도 전산실장을 통해서 그 이야기들을 모두 전해 듣고 있었어. 부서들 사이에 경쟁이 없을 수는 없지만, 그래도 공

실장과 나는 한솥밥 먹은 입사 동기이니까 말이지. 그리고 우리는 회장님께 3년을 기다려 달라 했지. 우리가 스스로 변화하겠다고. 반드시 좋은 실적을 보이겠다고 말이야. 회장님이 원하는 대로 육상 경기에서는 1등을 하지 못하였지만, 씨름판에서는 1등을 하겠다고 말이지."

"그래, 회장님이 뭐라고 하시던가요?"

"그날? 한참을 생각하시더라고. 정원을 바라보며 뒷짐을 진 채로 한참 계시더니 말씀을 꺼내시데. 건강한 사람을 수술할 필요는 없다고 말이지. 하지만 또다시 병이 들면 다시 더 능력 있는 외과의사를 부를 거라고 말이지. 나와 공 실장은 그 말씀의 의미를 알아들었지. 그리고 며칠 후에 구조조정본부장이 사표를 냈다는 소리를 들었지."

행동 태도가 바르면 어디에 내놔도 잘된다

나는 그렇게 가정과 직장의 위기를 잘 넘기게 되었다. 그 후로 나는 틈만 나면 아이들에게도 "태도가 바른 사람은 어디에 내놔도 잘된다. 자기도 잘되고 그 사람이 속한 곳도 잘되게 한다"고 가르쳤다.

아이들과 나는 6개월마다 한 가지씩 바른 태도를 갖추어 나가자고 약속하였고, 그렇게 우리는 변화하였다.

우리가 변하자 아내는 매우 행복해하였다. 아내의 신경질 부리던 모습도 사라졌고, 우리의 사랑도 다시 회복되었다. 아내는 속 깊이 내 관심이 필요하였던 것이다. 관심을 받지 못하는 꽃은 시드는 법이라는 것을 아내를 통해서 느꼈다. 다행히 늦게나마 내가 관심을 기울이자 아내도 다시 싱싱한 꽃이 되었다.

그 후 시간이 지나 나는 아내와 아이들을 데리고 트로트 씨와 청소부 아주머니를 만나러 갔다. 트로트 씨와 아주머니는 자전거나 자동차 등에 비유하며 인생에 있어서 자유 의지와 태도의 선택에 대해 여러 가지 이야기를 해 주었다.

"하나님은 우리에게 태도를 선택할 자유 의지를 주셨습니다. 때로는 분노나 염려 같은 것들이 그런 자유 의지를 발휘할 기회를 빼앗아 가기도 합니다. 그렇기 때문에 우리는 분을 내기 전에, 걱정을 하기 전에 잠시 생각할 여유를 지녀야 합니다. 그래야 무엇이 올바른 태도인지 생각하고 선택할 수 있으니까요."

"태도가 습관을 만들고 습관이 성격을 형성한다고 스마일스가 말했다고 했지요? 그러나 나는 그 다음을 알고 있습니다. 개인의 태도 변화가 조직의 문화를 변화시킨다는 것 말입니다. 바로 한 팀장을 통해서 나도 한 수 배운 셈이지요. 비록 전에는 그것을 몰라 사업에 실패했지만, 이제 다시 일어나게 되면 성공할 자신감이 생겼습니다."

"우리를, 인생이라는 자전거 위에 앉은 사람에 비유할 수 있을 것 같습니다. 핸들을 어느 쪽으로 틀지는 우리가 결정하고, 그 결과 또한 우리가 선택한 데 따른 것이라는 겁니다."

"핸들을 바르게 틀지 않거나 과도하게 틀어서는 안 됩니다. 그러면 넘어지게 마련이지요. 마찬가지로 우리의 태도 또한 극단적인 면을 피해야 합니다. 소위 중용中庸이라는 것이 필요하다는 것입니다. 바른 태도라는 것은 극단적인 태도의 중간에 있으니까 말입니다. 절약이 지나치면 인색함이 되고, 모자라면 낭비가 되는 것처럼 말입니다. 우리가 선택해야 할 모든 미덕, 즉 우리가 따라야 할 태도는 치우치지 않는 데에 있습니다."

"인생은 어쩌면 태도를 훈련하기 위한 훈련장인지도 모른다는 생각이 들어요. 나는 하나님이 나를 강하게 하시기 위해서 시련을 주셨다고 믿습니다. 강한 바람 속에서도 핸

들을 바로잡을 수 있도록 하시기 위해서 말입니다. 나는 인생이 운전 면허를 취득하는 것과 비슷하다고 생각합니다."

"세상에서 가장 강한 자는 바로 자기 마음을 다스리는 자, 곧 자기 태도를 스스로 선택할 수 있는 사람인 것 같습니다. 그런 자는 자신을 변화시킬 수 있고, 주위를 변화시킬 수 있다고 봅니다. 내가 변하면 모두가 변합니다."

나는 트로트 씨와 아주머니를 통해서 많은 것을 배울 수 있었다. 나는 그 가르침을 한 편의 시詩로 정리하여 액자에 걸어 놓고 틈날 때마다 보았다.

자전거와 인생

아이가 자전거를 탑니다.
아이는 서투른 솜씨 덕분에 자꾸만 넘어집니다.
때로는 똥을 보고도 버젓이 밟고 지나가며
때로는 시궁창인 줄 알면서도 그곳에 빠집니다.

그러나 자전거 타기를 연습할수록
아이는 점점 똥과 시궁창을 피할 줄 알게 되고
똑바르게 갈 줄도 알게 됩니다.

아이는 자전거 타기를 배우지만,
어른은 살아가는 법을 배웁니다.

아이는 자전거 손잡이를 움직여 길을 고릅니다.
어른은 태도를 바꿔 인생의 길을 선택합니다.

그렇게 해는 지고 다시 해는 뜹니다.

아이는 다음날도 또 다음날도 자전거를 배웁니다.
어른은 다음날도 또 그 다음날도 인생을 배웁니다.

아이는 자전거 타기를 배우고 어른이 됩니다.
어른은 인생을 배우고 더 큰 어른이 됩니다.

아이는 어른이 되어 승용차를 몹니다.
어른은 더 큰 어른이 되어 인생을 몹니다.

아이가 꽃이 됩니다.
어른도 꽃이 됩니다.

나비가 날아옵니다.
아이의 어깨 위에도,
어른의 어깨 위에도.

이 책은 저의 두 번째 지화知話입니다. 지화란, 알고 있는 것이나 깨달은 것을 알기 쉽게 전달하기 위해 이야기로 꾸민 것입니다.

이런 형태의 지화는 이미 여러 작가들에 의하여 여러 책들로 편찬되어 있습니다. 예를 들면 《회계 천재가 된 홍 대리》, 《칭찬은 고래도 춤추게 한다》, 《1분 경영》, 《마시멜로 이야기》, 《모모》 같은 것이 그 예입니다.

지금까지 이런 책들이 우화라고 불리기도 하고 경영 소설이나 처세 소설, 또는 성장 소설이라는 이름으로 불렸습니다. 하지만 이런 종류의 책들은, 우화로만 불리기에는 동물들의 의인화가 비교적 적습니다. 또 단순히 세상의 이치를 전하기만 하는 것이 아니고, 오히려 지식을 전달하는 면이 많다는 점에서 우화라고 불리기에는 더욱 부적절합니다. 마찬가지로 경영 소설이니 처세 소설, 또는 성장 소설이라고 부르기에도 적합하지 않다는 생각이 들었습니다. 소설이라고만 부르기에는 앎과 깨달음이 더 많이 녹아 있기 때문입니다.

그래서 저는 나름대로 '지화'라는 용어를 창안하여 사용키로 한 것입니다. 저의 첫 번째 책인 《복리》(출판사가 정한 이름은 《마법의 재테크 복리》) 또한 지화의 일종입니다. 복리 공식 속에 감추어진 부자 되는 방법을 깨달아서 글로 옮긴 것이기 때문입니다. 지화라는 용어를 고안하기 전에 출간한 《마법의 재테크 복리》의 표지에는 '경영우화'라고 표기하였지만, 앞으로는 이런 유형의 도서를 지화라고 부르고자 합니다.

저는 박진수라는 본명을 사용해서 컴퓨터와 관련된 지식을 풀어쓰는 일을 해왔습니다. 테크니컬라이터라고 불리는 직업을 가지고 있었던 것입니다. 그러다가 《복리》라는 지화를 쓰게 되면서 '우제용'寓諸庸이라는 필명을 하나 더 정하여 쓰기로 하였습니다. 이 이름은 '모든 쓰임에 머무른다', '모든 떳떳함에 머무른다'는 뜻을 지니고 있습니다.

지화를 쓰면서 저도 많은 것을 깨닫고 배웁니다. 그래서 즐겁습니다. 또 지식과 깨달음을 알기 쉽게 풀이하여 많은 사람들과 함께 나눌 수 있다는 점도 제게 즐거움을 더해 줍니다. 그래서 지화를 쓰는 일은 저에게 있어서 즐거움 그 자체라고 해도 지나친 말이 아닙니다. 그러므로 기회가 주어진다면 우제용이라는 이름으로 또 다른 지화들을 써서 독자들과 기쁨을 함께 나누고 싶은 소망이 있습니다.

태 긍정적인 변화를 일으키는 힘,
도

초판 1쇄 인쇄 2007년 9월 5일
초판 1쇄 발행 2007년 9월 10일

지은이 우제용
펴낸이 김연홍

편 집 홍우진 문지훈
디자인 임 호
영 업 김은석
관 리 한인선

펴낸곳 아라크네
출판등록 1999년 10월 12일 제2-2945호
주소 121-865 서울시 마포구 연남동 224-57
전화 02-334-3887 **팩스** 02-334-2068
홈페이지 www.arachne.co.kr **이메일** arachne@arachne.co.kr

값 9,800원

ISBN 978-89-92449-16-8   03320